W0329274

*Therese Giehse*

# »Ich hab nichts zum Sagen«

*Gespräche mit Monika Sperr*

C. Bertelsmann Verlag

Bildnachweis:
Alle Fotos aus den Kammerspielen nach 1945:
Hildegard Steinmetz.
Fotos der »Mutter«-Aufführung der Schaubühne:
Abisag Tüllmann.
Fotos vom Brecht-Abend der Giehse:
Evelyn Richter.

© 1973 Verlagsgruppe Bertelsmann GmbH/
C. Bertelsmann Verlag, München, Gütersloh, Wien
Gesamtherstellung Mohndruck Reinhard Mohn OHG, Gütersloh
ISBN 3-570-08405-1 · Printed in Germany

*Inhalt*

## III
## Therese Giehse im Gespräch



## IV
## Die Jungen über die Giehse

# I
# »Ich hab nichts zum Sagen«

# *Therese Giehse heute*

Als ich vor einigen Monaten mit dem Wunsch zu Therese Giehse kam, ein Buch über sie, ihr Leben und ihre Arbeit zu schreiben, sagte sie kurz und bündig: »Nein.«

Dann fragte sie nach diesem und jenem und ließ mir Zeit, die klare Antwort zu bedenken. Da mir dann beim gemeinsamen Essen nichts mehr schmeckte, tat ihr die schroffe Abfuhr leid. Mich zu trösten, begründete sie ihre abwehrende Haltung und ließ sich damit auf meine Gegenargumente ein. Ich wollte sie nicht »vergewaltigen«, sondern überzeugen. Sie wollte mir einen Gefallen schon tun, aber nicht über sich reden: »Ich hab nichts zum Sagen.« Viel zu ehrlich, um sich hinter einer Lüge zu verbergen, versuchte sie, mich mit der Wahrheit abzuschrecken: »Was verbreitet wird, sind lauter Lügen.«

Um Wahres zu erfahren, war ich ja zu ihr gekommen. Schon leicht entmutigt, wurde sie listig: »Ich hab von mir nichts Interessantes zu berichten. Wenn ich eine Künstlerin wäre mit einem herrschaftlichen Gut im Spreewald oder sonst irgendwo und Sie kämen manchmal zum Frühstück zu der edlen Frau in stiller Abgeschiedenheit, dann könnten Sie ein feines Buch über die erlauchte Künstlerin im Spreewald schreiben.«

Ich widersprach. Rührstücke gebe es mehr als genug.

Sehr langsam und zögernd war sie bereit, meine beharrliche Aufdringlichkeit als ernsthaftes Interesse anzuerkennen: »Sie lassen sich net von abbringen?«

Störrisch verneinte ich die Frage. Mein Eigensinn brachte sie endgültig in Schwierigkeiten, denn sie mag Eigensinn. Unwillig revidierte sie ihr »Nein« und genehmigte die Bitte: »Dann tun's halt fragen . . .«

Unverrückbar blieb jedoch ihr kategorisches: »Aber über mich red' ich nicht« zwischen uns bestehen.

Ich hatte mir die selbstgewählte Aufgabe viel einfacher vorgestellt.

Es gibt das schöne Gedicht von Brecht: *Legende von der Entstehung des Buches Taoteking auf dem Weg des Laotse in die Emigration.* Der Zöllner verlangt dem Weisen vor Verlassen des Landes sein Wissen ab. Und der Weise ist sofort in der entgegenkommendsten Art bereit, dem Zöllner Rede und Antwort zu stehen. *Man soll sich nicht an Legenden halten.*

Erstens leugnete die Giehse, weise überhaupt zu sein und zweitens hat sie keine vorgefertigten Antworten parat. Ferner fehlte mir jegliche Legitimation für meine Zuständigkeit. Inwieweit war mir denn eigentlich zu trauen? Wir kannten uns nur wenig. Flüchtige Begegnungen, Gespräche im Vorübergehen, manchmal ein gemeinsames Essen – wir mußten uns erst kennenlernen.

Ein Zwitterwesen zwischen Eindringling und Gast, wurde ich der regelmäßigste Besucher in ihrer Wohnung.

Seit ihrer Rückkehr aus der Emigration nach sechzehn Jahren der Abwesenheit ist Therese Giehse – abgesehen von den ersten Aufenthalten in Hotels und Pensionen – in München in der Wurzerstraße, nur wenige Schritte von den Kammerspielen entfernt, zu Hause. Zu Hause sein bedeutet für sie nichts weiter, als eine Tür hinter sich zumachen und unbelästigt von fremder Einmischung mit sich allein sein zu können. Das hat für sie besondere Bedeutung, war es doch noch vor wenigen Jahrzehnten – in Deutschland für viele nicht möglich.

Die Giehse war nie ein laut geselliger Mensch. Die langen Jahre der Emigration und die damit verbundenen Erlebnisse und Erfahrungen haben sie zusätzlich zurückhaltend, nur gegenüber wenigen Menschen offen gemacht. Sie liebt die Anonymität gesichtsloser Wohnhäuser, die einander gleich, oft bis zum Verwechseln ähnlich sind. Eine Mieterin unter Mietern – die stille Frau von nebenan.

Auf privaten Wohnbesitz legt sie keinen Wert. Die Träume von der Villa am See und dem Häuschen im Grünen hat sie nie mitgemacht. Vor drei Jahren ist sie einmal umgezogen: von einem Einzimmerappartement in eine freigewordene Zweizimmerwohnung ins Nebenhaus. In größeren Wohnungen hat sie nie gelebt, nach mehr privatem Luxus nie verlangt.

Die Wohnung ist gemäß der einfachen, bescheidenen Lebensweise der Giehse eingerichtet: mit dem Notwendigen. Nichts Angesammeltes, nichts Überflüssiges. Ein Eisschrank ist nötig und deshalb vorhanden, ein Fernsehgerät ist ihr nicht wichtig und deshalb nicht da. Zwei bequeme Sessel, ein schmaler Tisch, Bücher, Platten, Bilder an den Wänden – darunter Graphiken von Barlach und Picasso –, die Bescheidenheit der Giehse ist bewußte Einschränkung auf das Wesentliche, nicht Mangel oder unfreiwilliger Verzicht.

Musik, Bücher, Bilder – das sind Schönheiten, ohne die es sich nicht wirklich menschlich leben läßt.
Die Wohnung wirkt aufgeräumt, sachlich, klar und geordnet – jedes Ding an seinem Platz. Nichts Gemütliches, aber viel Freundliches. Die Ordnung, sinnvoll und überlegt, ist Übersichtlichkeit und nicht Pedanterie. Man fühlt sich wohl darin. In solchen Räumen ist gut arbeiten und klar denken.
Während der Arbeit am Buch lernte ich auch den Zweitwohnsitz der Giehse, ihr Zürcher Ausweichquartier, kennen. Bis vor wenigen Jahren hat sie regelmäßig am Zürcher Schauspielhaus immer wieder gastiert und ist nicht anders als in München auch in Zürich zu Hause. Im Zürcher Zimmer ist bis heute unverändert die selbstgezimmerte Holzeinrichtung von anno 1945 geblieben, solide und stabil. Die Giehse legt Wert darauf, daß die Dinge haltbar, und nicht darauf, daß sie komfortabel sind.
Gegenüber dieser Genügsamkeit wirkt selbst allgemein üblicher Luxus als Verschwendung. Da merkt man erst, was man hat und wieviel man gar nicht braucht.
Ich brachte Unruhe in das geregelte Leben der Giehse, störte ihren Lebensrhythmus und den Tagesablauf. Sie aber blieb gelassen. Selbst meinen Einbruch in ihre Schubladen und Notizbücher kommentierte sie ohne jede Hysterie mit der ihr eigenen trockenen Selbstironie: »Hätt' ich Ihnen bloß nie Grüß Gott gesagt . . .«
Wider alle Vorsicht hatte sie sich auf eine ungemütliche Sache eingelassen und war jetzt bereit, das alles – egal bis zu welchem Ende – auch durchzustehen.
Der Inhalt ihrer Schubladen befriedigte meine Neugier zu ihrer spottlustigen Freude ganz und gar nicht. »Was haben Sie denn erwartet? Die gesammelten Liebesbriefe aus sechs Jahrzehnten, geschrieben auf Büttenpapier und verschnürt mit rosa Bändchen?« Ja, was hatte ich denn erwartet? Jedenfalls mehr, als ich fand. Nach über 50 Jahren Theater- und Filmarbeit, Hymnen wurden ihr geschrieben, Bäume gepflanzt und Preise verliehen, keine Kritiken, keine »Lorbeerkränze« im Haus! Die einfache Erklärung: »Ich war von solchen Dingen immer sehr unberührt. Es gab Kollegen, die sind die ganze Nacht wach und in irgendwelchen Lokalen hocken geblieben, nur um gleich nach Erscheinen über die Morgenzeitungen herzufallen. Ganz besoffen vor Aufregung und vom Alkohol. Ich fand das lustig, hab es aber nie mitgemacht.«
Eitel ist sie wirklich nicht. Schwatzhaft schon gar nicht.
Schauspieler sind eitel. Und alte Leute sind geschwätzig.
Selbst Binsenwahrheiten gelten für die Giehse nicht.

Am Anfang hatte ich versucht, unbekümmert und ahnungslos nach genauem Konzept und vorgeformtem Fragenkatalog zu arbeiten. Das ließ ich sehr bald wieder sein. Die Giehse läßt sich in keine Zwangsjacke stecken. Spürt sie nur den geringsten Druck, will ihr sofort nichts mehr einfallen.

Sie wußte genau, wann sie mir was sagen wollte, und eben das bekam ich zu verantwortungsbewußter Verwendung zur Verfügung gestellt – daß ich nicht Mißbrauch damit triebe, war die nie ausgesprochene Voraussetzung für unsere Gespräche. Mein Beitrag zu diesen Gesprächen beschränkte sich in dieser Anfangszeit auf das genaue Zuhören und den mehr behutsamen als resoluten Einwurf von Zwischen- und Zusatzfragen. Später, als der Prozeß des Sicherinnernmüssens weniger quälend und unser Umgang vertrauter geworden war, erweiterten unsere Gespräche sich zu Dialogen und oft ausführlichen Diskussionen. Völlig unproblematisch waren alle Sachgespräche, wenn es um konkrete Themen, aktuelle Probleme, um ihre Meinung und Bewertung von vergangenen wie gegenwärtigen Ereignissen ging.

Therese Giehse ist, wie sie es nennt, »ein sehr alleiniger Mensch«. Teilnahmsvoll und offen für alles, was um sie herum geschieht – wortkarg und widerborstig gegenüber allen Fragen, die nur sie betreffen.

Sie hält Distanz – vor allem zu sich selbst.

In der ersten Zeit unserer abendlichen Zusammentreffen ging es ihr nicht gut. Sie fühlte sich müde, krank und unlustig. Trotzdem hatten wir mit unseren Gesprächen nicht ausgesetzt.

Die Stimmung der Giehse war unterschiedlich. Manchmal durchaus gesprächsfreudig, lebhaft, gelegentlich geradezu übermütig, dann wieder nachdenklich, abweisend, sehr ernst, fast streng.

Am überraschendsten waren die Wechsel, wenn sie mitten in zerfurchter Strenge irgendwas erheiternd und zum Lachen fand.

Am schönsten war das kräftige Lächeln, das ohne jede Vorankündigung und völlig schwerelos plötzlich da war und, kaum entstanden, wieder schwand. Es nahm dem schroffen Wort die Härte und milderte den barschen Ton. Die Giehse kann streng, aber nicht böse, kühl, aber nicht kalt, unruhig, aufsässig, renitent – nie aber unfreundlich und ohne Geduld sein. Ich habe in den vielen Monaten unseres Beisammenseins nicht eine Unfreundlichkeit oder Ungerechtigkeit der Giehse mir oder einem anderen Menschen gegenüber erlebt. Was nicht heißt, daß sie in jedem Fall auch ein höflicher Mensch ist. Ihre Barschheit ist bei vielen nicht weniger gefürchtet als die kräftige Sprache, die sie benutzt.

Die Giehse mag Freundlichkeiten, aber nur bedingt Höflichkeiten. Ihr ist die falsche Träne und jede Art von Gefühlsduselei ebenso fremd, wie ihr »alles Getue« und die vielen Höflichkeitsfloskeln menschlicher Verstellungskunst zuwider sind.
Ein mehrwöchiger Krankenhausaufenthalt unterbrach kaum unsere Begegnungen, aber die Arbeitsgespräche. Die Haltung der Giehse veränderte sich auch in dieser Zeit nicht. Sachlich registrierte sie, daß »das Herz nicht mehr richtig anschiebt«, dazu einige andere organische wie körperliche Schwächen und Ermattungen. Ihr Mißfallen über die starrköpfigen Alten, die eigensinnig herumliegen und sich nicht entscheiden können, ob sie sterben wollen oder nicht, war die einzige Quengelei, die sie sich gestattete.
Mit kritischer Neugier und dem prüfenden Blick, der stets auf den Grund der Dinge zu dringen scheint, beobachtete sie ihre jetzt aufs Krankenzimmer reduzierte Umwelt. Die Giehse langweilt sich nie, wo immer sie auch ist. Vor allem nicht, solange sich Menschen in ihrer Nähe befinden.
Einen großen Teil ihrer schauspielerischen Gestaltungskraft schöpft sie aus genauer Beobachtung. Sie sieht nicht nur die Fassade, sondern auch, was dahinter ist. Sie kennt sich aus in den Widersprüchen menschlicher Verhaltensweisen.
Das Aufzeigen von Widersprüchen ist ihr im Spiel und in der Wirklichkeit gleichermaßen Vergnügen wie Verpflichtung. Nicht die Zustimmung, sondern der Widerspruch bringt den Menschen weiter auf seinem Weg zur Erkenntnis der Wahrheit.
Die Giehse liebt den Widerspruch und sie liebt die widerspruchsfreudigen Jungen.
Nach einer Aufführung des Lehrlingsstückes *Stifte mit Köpfen* im Münchner Jugendtheater, die Spieler hatten um solidarischen Beistand gegen amtliche Bevormundung und um ihre Unterschrift gebeten, bekannte sie sich – wie oft zuvor – zu den protestierenden Jungen: »Therese Giehse, Lehrling, 75 Jahre alt.«
Sie teilt die Unzufriedenheit der Jungen und findet die Welt, wie sie ist, weder besonders freundlich noch wirklich menschlich, denn: »Das Unrecht wurde nur alltäglich.« Sie sieht, was ist, und sie sagt, was sie sieht: »Überall Beruhigungslügen, die Realitäten verschleiern sollen. Das Grundsätzliche stimmt nicht.« Sie will nicht beruhigen, sie will beunruhigen.
Eine ungehörte Kassandra vielleicht, aber nie eine schweigende Mitmacherin.
Fast anspruchslos in ihren persönlichen Bedürfnissen, ist die Giehse herausfordernd anspruchsvoll, wenn es um die Qualität menschli-

chen Lebens geht. Im allgemeinen ein durchaus friedlicher Mensch, kann sie in kämpferischen Zorn ausbrechen, wenn große Worte sinnlos walten und vorgegebener Menschenfreundlichkeit die Taten widersprechen. Sie ist für den Sozialismus und eine menschlichere Welt. Das ist für sie kein unverbindliches Lippenbekenntnis, sondern eine konkrete Lebenshaltung.

»Wer den Sozialismus fordert, muß ihn praktisch auch leben. Das ist ja gerade die Sache: Viele sagen, sie sind für den Sozialismus und den neuen Menschen und leben dabei verschwenderisch wie Kapitalisten. Sie lügen. Sie sind nicht für den Sozialismus und sie sind auch keine Sozialisten. Sie denken und handeln kapitalistisch – nicht dem Menschen, sondern dem eigenen Profit zum Nutzen. Es ist unanständig, verschwenderisch herumzuprassen, solange Menschen in bitterster Armut hungern müssen. Es geht nicht darum, mit zu hungern und sich in rührseliger Menschlichkeit zu üben. Denn davon wird kein Hungernder je satt. Wer aber Geld sinnlos verschwendet, das woanders dringend gebraucht wird, verliert das Recht, sich Sozialist zu nennen.«

Das schnelle Geld und die billigen Erfolge haben sie nie verführen, der leichte Ruhm hat sie nicht locken können.

Geschäftskundige Filmleute hätten sie, die kraftvolle Darstellerin vieler Mütter und Frauen aus dem Volke, gern zur Leinwandheldin und dem »Muttchen vom Tegernsee« gemacht. Das hat sie amüsiert, aber nie interessiert. Von Anfang an ist sie den eigenen Weg in großer Ruhe und Gelassenheit gegangen: »Auf der Seite der Gerechtigkeit, mit unverschmiertem Gefühl und unegoistischem Sinn für das Reale.« Eine Eigenverpflichtung, die zu erfüllen sie – bestärkt durch ihren bayerischen Eigensinn, bis heute nicht aufgehört hat. Wider ihre Meinung läßt die Giehse sich zu nichts bewegen. Wer sie nicht kennt, hält sie oftmals für verbockt und stur, dabei ist sie nur gründlich.

Im Hinblick auf die Gedenkveranstaltungen zum 75. Geburtstag von Bertolt Brecht wurde sie, die erste *Mutter Courage* und einzigartige Brecht-Interpretin, oft zu den Feiern gebeten. Sie hat an keiner teilgenommen. Hat standhaft gegenüber allen Überredungskünsten auf ihrer Absage beharrt. Denn das Geschäft mit Brecht ist Mißbrauch und nicht Würdigung dieses Stückeschreibers, der nicht gefeiert, sondern gehört sein wollte. Lakonisch demaskierte die Giehse den Schwindel und das aufgesetzte Feiertagsgesicht lobpreisender Brechtianer: »Wenn's anders nicht zu machen ist, dann feiert man die widerspenstigen Leut' zu Tode.« Es braucht keine Verehrer, sondern Komplicen, damit die Botschaft gehört und weitergegeben wird.

Nichts freut die Giehse mehr, als solche zu finden. Dann kann sie – wie bei einem Gastspiel mit ihrem Brecht-Abend im Berliner Ensemble – ganz gerührt und glücklich sein.
Eine vernünftige Handlung kann die Giehse bezaubern, eine gescheite Antwort kann sie in Entzücken bringen. Noch mehr als gutes Essen ist genaues Denken für sie ein sinnlicher Genuß. Das heißt viel, denn sie ißt gern und weiß vor allen Künsten die Kochkunst besonders hoch zu schätzen. Schlechtes Essen macht sie krank, schlechtes Theater nur ärgerlich.
Die Giehse hat viel von Brechts *Unwürdiger Greisin* und nichts von großmütterlicher Betulichkeit.
Sie kommt überall zu früh und nie zu spät, damit sie die Ouvertüre nicht verpaßt. Schon als Kind war ihr das Einstimmen der Instrumente wichtiger als alles, was danach noch kam. Sie liebt die Anfänge und ist bereit, sich jederzeit auf einen neuen Anfang einzulassen, denn mehr als das Gewordene interessiert sie das Werdende. Nichts ist so gut, als daß es nicht noch besser werden, keiner ist so klug, als daß er nicht noch lernen könnte. Die Giehse reagiert auf alles, was ihr begegnet, als Lernende und nicht als Wissende. Das macht den Charme ihres Wesens und die Lebendigkeit ihrer Kunst aus. Sie kann staunen und sich wundern und das Selbstverständliche immer neu in Frage stellen: Warum ist das so und wie wäre es anders? Besser, richtiger, freundlicher? Sie hat nichts gegen Experimente, wenn die nur vernünftig sind. Die Liebe zur Vernunft und die Lust am Lebendigen sind das einfache Geheimnis ihres Lebens und ihrer Kunst. Sie besitzt das Einfache, das schwer zu machen ist.

# II
# Leben und Arbeit

# *Familie und Familienschicksal*

Der Geburtstag war ein Sonntag. Therese Giehse ist geboren am 6. März 1898, frühmorgens um 7.30 Uhr, in der Herzog-Rudolf-Straße, München. Im selben Jahr, am 10. Februar, ist Bertolt Brecht in Augsburg geboren. Zwei Bayern, die später viel miteinander zu tun haben sollten. Das Bayerische und das Brechtische – nichts hat die Giehse mehr geformt.

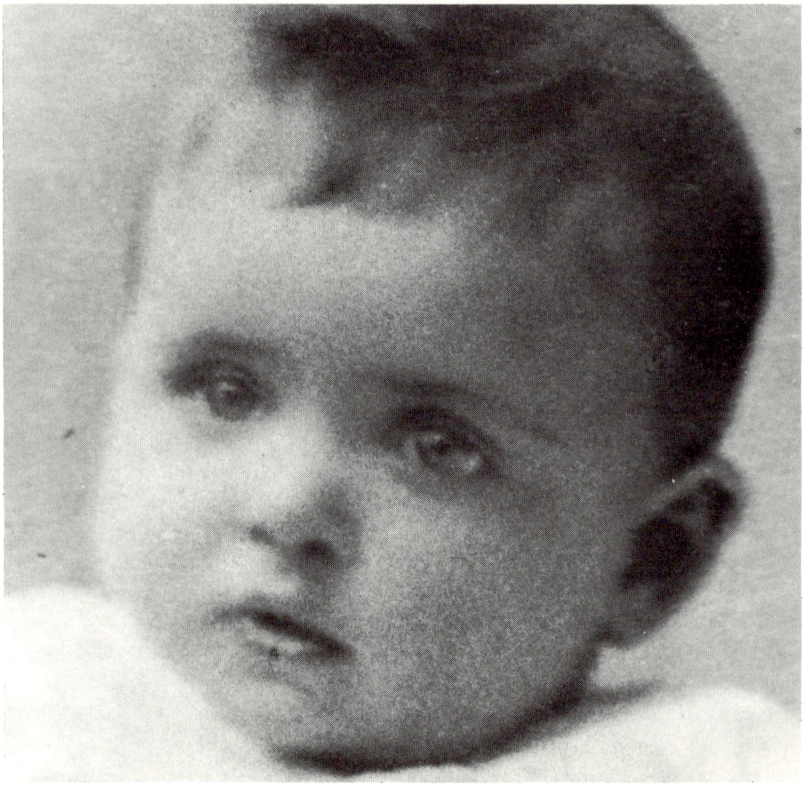

*Therese Giehse, 10 Monate alt*
*Rechte Seite:*
*Die Geschwister: Max (16), Jeanette (15), Siegfried (13), Irma (6)*
*Aufnahme von 1897, ein Jahr bevor Therese Giehse geboren wurde*

Therese Giehse ist das jüngste von fünf Kindern. Ein Nachkömmling, der trotz vieler Geschwister wie ein Einzelkind aufwuchs. Am Tage ihrer Geburt war der älteste Bruder Max fast 17 Jahre, die Schwester Jeanette beinahe 16 Jahre, Siegfried 14 Jahre und Irma, die Zweitjüngste bereits 7 Jahre alt. Das Kind Therese wuchs nicht inmitten gleichaltriger Geschwister, sondern unter vielen Erwachsenen auf. Die Eltern waren – mit 50 bzw. 36 Jahren – nicht mehr jung, der Vater außerdem herzkrank und ruhebedürftig. Schon als Kind ist die Giehse umsichtig, ernsthaft, vernünftig und viel mit sich allein gewesen. Kein altkluges und frühreifes, sondern ein sehr nachdenkliches und erwachsenes Kind, das seine Umwelt mit großen Augen und prüfenden Blicken beobachtete und sich ein eigenes Urteil machte.

*Die Eltern,
Salomon und Gertrude,
geb. Hainemann*

Die Eltern waren Juden. Der Vater Salomon, nach Auskunft der Giehse »freundlich, aber überhaupt nicht weise«, stammte aus dem kleinen Ort Hainsfahrt bei Öttingen. Er war Textilkaufmann und handelte mit »Stoffen, Tüchern, Seiden und Posamentierwaren en gros«. Er starb vor Beginn des 1. Weltkrieges im Jahre 1911, als die Giehse 13 Jahre alt war. Sein ältester Sohn Max übernahm das Geschäft und der geltenden Familienhierarchie entsprechend die Rolle als »Oberhaupt der Familie«. Die Mutter Gertrude, geb. Hainemann, war mit ihren Eltern, den Besitzern einer Farbenfabrik in Amerika, aus New York nach Europa zurückgekommen. Bei vielen amerikanischen Juden war es damals Brauch, ihren Lebensabend in Europa zu verbringen. Hier war es nicht nur ruhiger und gemütvoller, sondern auch billiger als in der Neuen Welt. Das Ziel der heimkehrenden Hainemanns war Würzburg, da die Stadt aber noch ohne Gas und auch sonst hinter der Zeit etwas zurück war, gingen sie nach München. Die Giehse hat ihre Großeltern nicht mehr gekannt, denn ihre Mutter brachte sie erst spät zur Welt.

Das erste Jahrzehnt zu Beginn dieses Jahrhunderts: Das Industrieproletariat kämpfte in allen europäischen Ländern um seine Rechte. Die Frauen stritten für ihr Stimmrecht und ein gleichberechtigtes Leben. Die sozialen Ungerechtigkeiten waren groß, die sozialistische Bewegung schien nicht aufzuhalten. Die Unterdrückten und Rechtlosen ließen sich nicht mehr zum Schweigen zwingen. In Deutschland herrschte Wilhelm II., bei den Bayern als Preuße und Kaiser gleichermaßen unbeliebt. Die Bayern fühlten sich wohl in ihrem Lande. Sie waren mit ihrem relativ liberalen und kunstliebenden Königen durchaus zufrieden – nie hatten sie in ein großdeutsches Kaiserreich gewollt. Selbst ein sonderlicher bayerischer König war ihnen allemal eher rechtmäßiger Herrscher als jeder preußische Wilhelm. Sie hatten sich der Übermacht zwar beugen müssen, waren dabei aber die treuen Untertanen ihrer eigenen Majestät geblieben. Die bayerischen Monarchisten wollten nie einen Kaiser Wilhelm, sondern stets ihren König Ludwig wiederhaben.

Bayerns Metropole München: das große Dorf in schöner Landschaft. Eine Stadt der geruhsamen Bürger: der großen Brauereibesitzer, der Kaufleute, Beamten und Handwerker. Aber auch eine lebendige Universitäts- und Künstlerstadt. Neben Berlin das Zentrum aller geistigen Aktivitäten und Auseinandersetzungen der Zeit.

So wenig wie die Welt ringsum war die scheinbar intakte häusliche Welt tatsächlich in Ordnung. Hinter der Fassade bürgerlichen Wohlstandes und respektierlicher Zufriedenheit bröckelte wie in Tschechows Stücken »alles so dahin«. Nichts stimmte wirklich.

Ebensowenig wie der Zusammenbruch der so mächtigen Zaren- und Kaiserreiche war der Verfall der bisher geübten Sitten und Gebräuche und die Auflösung der gutbürgerlichen Familien zu verhindern. Therese Giehse wuchs, nicht bedrängt von elterlicher Einmischung und Bevormundung, nachsichtig betreut von ihrer Schwester Irma, frei mit früher Selbstverantwortung auf. Die Wohnung in der Herzog-Rudolf-Straße, dicht an der Maximilianstraße und nahe dem Englischen Garten gelegen, war groß und geräumig und ihr darin viel Platz und Bewegungsraum gegeben. Sie konnte die Stühle zu Kutschen, die Sessel zu Pferdedroschken oder den Teppich zum Spielplatz machen – niemand störte sie dabei. Für Puppen hat sie sich nicht interessiert und fertiges Spielzeug abgelehnt. Sie trug, der damaligen Mode gemäß, die steifen Matrosenkleider und bebänderten Hüte, wie es sich für respektable Bürgerkinder schickte. Zu Hause war man liberal und tolerant, dabei konservativ und keineswegs rebellisch. Die Mutter, eine schöne und sehr warmherzige Frau, nahm die Tochter zu ihren Einkäufen mit. Der »große Bruder« Max führte sie hinaus auf die Wies'n zum Oktoberfest und verführte sie dabei zum ersten Bier. Weihnachten, das schönste Kinderfest, wurde zu Hause nicht gefeiert, es ist ein christliches, kein jüdisches Fest. Geschenke wurden nur dem Personal, aber untereinander nicht gemacht. Da wurde dann die gute Stube zur Beschenkung hergerichtet, denn der Glaube der anderen wurde im Hause respektiert. Die anderen aber waren viel weniger tolerant. Auch vor dem 1. Weltkrieg war der

*Das Kind Therese*
*im Alter von 2, 4 und 6 Jahren*

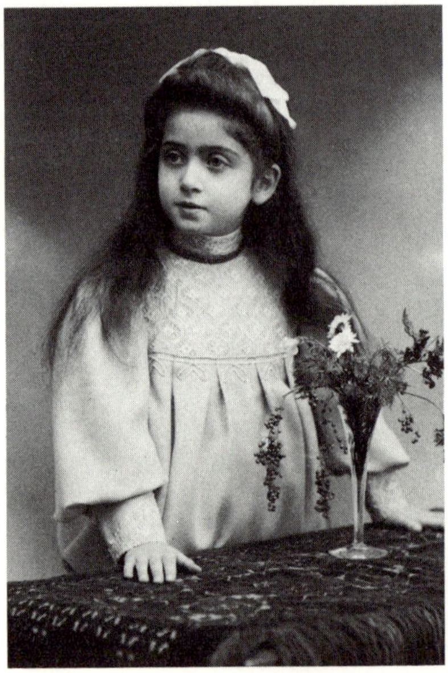

Antisemitismus in Deutschland schon weit verbreitet. In seinen Kindheitserinnerungen »Kind dieser Zeit« schreibt Klaus Mann: »Oder wir betrieben das harmlose und geschmackvolle Spiel, das ›die Juden entbieten‹ hieß – das heißt: wir kletterten, von der Finsternis geschützt, an einer Herzogpark-Villa hoch, in der Herrschaften wohnten, die zwar ein wenig semitisches Blut hatten, aber nicht gern viel davon hergemacht sahen. Drei Fäustepaare klopften an das traulich verhängte Fenster, hinter dem die Herrschaft bei der Abendmahlzeit saß, und mit gräßlich rauhen Stimmen schrien wir: ›Judden – Judden‹ (wobei wir, nur der Unheimlichkeit halber, das U ganz kurz, heulend hervorstießen und ihm ein merkwürdig ordinäres und aggressives Doppel-D folgen ließen). – Die Herrschaften klagten nachher mit Recht über den Münchner Antisemitismus, mit dem es doch immer abscheulicher würde ...«

Was für die Kinder Klaus und Erika Mann nur kindliches Spiel war, bekam das Kind Therese Giehse bereits als konkrete Bedrohung zu spüren. Ein gläubiger Christ und amtierender Religionslehrer brachte mühelos zustande, daß das pausbackige jüdische Kind in der Schule zum viel gehänselten Außenseiter wurde. Die Giehse erinnert die Schulzeit nicht gern. »Ich war dick und rothaarig und hatt' den Herrn Jesus umgebracht.« Und Kinder können sehr grausam sein.

Durch die Schule fühlte sich die Giehse anscheinend schon von Beginn an in ihrer Selbstverwirklichung gestört. Als man sie nach dem ersten Schultag fragte, wie's denn so gewesen sei, war ihre Antwort: »Ganz hübsch – aber so zeitraubend.«

Nach den ersten vier Schuljahren in der Volksschule am St.-Anna-Platz, direkt neben die massive St.-Anna-Pfarr- und gegenüber der St.-Anna-Klosterkirche gebaut, absolvierte die Giehse die Kerschensteiner Schule in der Franz-Joseph-Straße in Schwabing. Ein damals bekanntes und angesehenes höheres Bildungsinstitut für Mädchen. Eine gute Schülerin war sie nie, sondern mit Gleichmut und Beständigkeit immer eine schlechte. Sie war stinkfaul, weil am Lehrstoff nicht interessiert und tat nur soviel, wie notwendig war, um das jeweilige Klassenziel zu erreichen. Wichtig war nur, daß sie nicht sitzen blieb, denn länger als unbedingt nötig war, wollte sie keine Schule von innen sehen. Themen wie: »Brief an eine Freundin über die Oberflächenbeschaffenheit der oberbayerischen Tiefebenen« reduzierten die Lernlust auf ein Minimum und machten die Schule zu einem wenig geliebten Aufenthaltsort.

1914 kam sie aus der Schule. Der 1. Weltkrieg hatte begonnen, begrüßt von Pauken, Trompeten und Jubelgeschrei. Die Kriegskredite waren dem Kaiser – bis auf die trotzige Verweigerung Karl Liebknechts – einstimmig bewilligt worden. Das Volk eilte in wahrer vaterländischer Begeisterung zu den Fahnen und Waffen. Die wenigen Stimmen, die sich im allgemeinen Freudentaumel gegen den Krieg erhoben, wurden überhört oder unterdrückt. Das Vaterland war in Gefahr, ein Schuft, wer den Kaiser und sein Volk jetzt allein ließ. Die erste Kriegserklärung richtete sich gegen das zaristische Rußland – der Ritt 'gen Osten erschien als heilige Pflicht. Dagegen hatten auch Liberale und Sozialdemokraten nichts einzuwenden, denn das zaristische Rußland war der Feind aller Freiheit und jeden Fortschritts. Verraten wurde die Sozialistische Internationale, der Kampf Lenins und der Bolschewisten gegen das zaristische Rußland im eigenen Land boykottiert. Den Hinausziehenden wurden Blumen auf den Weg gestreut, in den Theatern vaterländische Feiern und Kundgebungen veranstaltet. Selbst ein Spötter und bisheriger Kaiserfeind wie Frank Wedekind hielt Reden über den »deutschen Vaterlandsstolz« und die »deutschen Freiheitsbringer«.

Damals hatten nur sehr wenige das Gefühl, sich an einem klar erkennbaren Unrecht zu beteiligen. Man glaubte den Kaiser unschuldig und war bereit, ihm mit bestem Gewissen zu folgen.

Doch den ersten Freudenfesten folgte bald Ernüchterung. Die Vernunft kam wieder zu Worte.

Es war wie mit allen Kriegen: den Siegesnachrichten folgen die Totenlisten. Dem Kampf für »Kaiser, Volk und Vaterland« folgte der Kampf ums tägliche Überleben. Wie draußen auf den Schlachtfeldern, so drinnen im Lande. Das Essen wurde knapp, die Wohnungen blieben kalt. Tränen wurden alltäglich. Das Volk begriff: wie immer der Gewinner hieße – es würde der Verlierer sein.

Die Kriegsjahre verbrachte die Giehse zu Hause. An die Verwirklichung privater Sehnsüchte und Wünsche war bis auf weiteres nicht zu denken. Lebensläufe wurden verändert, Entwicklungen abgebrochen. Pläne vertagt oder ganz aufgegeben. Die Familie war auseinandergerissen. Der Vizefeldwebel Max arbeitete beim Bayerischen Armee-Bekleidungsdepot der VI. Armee. Siegfried wurde an der Front verwundet und ausgezeichnet für Tapferkeit vor dem Feind. Er hatte sich ums Vaterland verdient gemacht. Er war ein guter Deutscher und blieb es auch in nachfolgender Zeit. Er gehörte zu den Juden, die deutscher als die Deutschen sein und selbst die Faschisten noch bewundern wollten. Die Schwester Jeanette war verheiratet, die Giehse mit 8 Jahren bereits Tante geworden. Sie half mit Irma zusammen im Haus und Geschäft.

In den Kriegsjahren und in der Zeit danach erlebte nicht nur das Berliner, sondern auch das Münchner Theater große Konjunktur. Hier wurden die Stücke des jungen und des »jüngsten Deutschland« uraufgeführt, wurde wider alle Polizeiverbote und allen klerikalen Provinzialismus engagiertes, aufregendes Theater gemacht. Ein Theater, das nicht zu übersehen und nicht zu überhören war. Nicht am Rande, sondern im Mittelpunkt des Weltgeschehens. Es war die große Zeit der Naturalisten, sozialistischen Utopisten und Expressionisten: Hauptmann, Shaw, Wedekind, Sternheim, Strindberg, Thoma, Georg Kaiser, Ernst Toller, Heinrich Mann und viele andere schockieren, empören, erschrecken, erheitern und beunruhigen das Publikum. Jedes Stück eine Provokation, jede Aufführung ein Skandal. Sie sprühen vor Temperament und von Einfällen, sind bissig, scharf, besessen, angriffslustig und unwiderstehlich. Sie werden geliebt und angespien, die scharfzüngigen Protagonisten eines neuen Theaters in einer sich verändernden Welt. Es braucht keine klassischen Zitate, sondern das ehrliche Wort. Es braucht keine romantischen Idyllen, sondern die Konfrontation mit der Wirklichkeit. Es braucht keine idealistischen Verklärungen, sondern die rücksichtslose Aufklärung. Die Wahrheit ist konkret und hat nur ein Gesicht. Das Gesicht des Menschen. Brecht ist auf dem Wege nach München – im Auftrage der Vernunft für eine bessere, menschlichere Welt. Auf der Suche nach neuen Inhalten und Formen lassen die Dichter und Stückeschreiber alles Alte weit hinter sich. Sie lassen sich einsperren, aber nicht aufhalten, lassen sich beschimpfen, aber nicht zum Schweigen bringen.

Im Jahre 1912 wurden aus dem »Lustspielhaus in der Augustenstraße« die »Kammerspiele«, die vierzehn Jahre später ins Münchner »Schauspielhaus« auf die Maximilianstraße umziehen. Als »Kammerspiele im Schauspielhaus« sind sie ein wichtiger Teil deutscher Theatergeschichte, ein Theater der Avantgarde, die unerbittlichste Konkurrenzbühne für das höfische Residenztheater wie – bis zur Zusammenlegung der beiden Bühnen – für das Schauspielhaus.

Albert Steinrück, der 1908 nach München kam und über ein Jahrzehnt dem Residenztheater-Ensemble angehörte, wurde zum erklärten Vorbild und Ideal der Jugend. Er war der neue Schauspieler des neuen Theaters: ganz ohne Pathos, ohne alle Deklamationsallüren. Ein Darsteller von außergewöhnlicher realistischer Gestaltungskraft und beispielhafter Ehrlichkeit. Zwischen ihm und den Hoftheater-Mimen der alten Schule gab es nicht die geringste Gemeinsamkeit. Der Bruch war endgültig. Nach Steinrück führte kein Weg zurück zur alten Hoftheater-Kunst.

Der Krieg ging zu Ende, die Unruhe blieb. Der erfolgreichen russischen Revolution folgte eine mißglückte deutsche. In Berlin wurden

Rosa Luxemburg und Karl Liebknecht brutal erschlagen, in München wurde Kurt Eisner erschossen und die Räterepublik zu Grabe getragen. Auf die Zeit des Aufbruchs und der hoffnungsvollen Anfänge folgten Restauration, Inflation, Faschismus und Gewaltherrschaft.

Die Giehse war unruhig und sie blieb unruhig. Sie wollte lernen, arbeiten, ihr Teil zur Veränderung der Welt, der Kunst, des Lebens beitragen. Sie war davon überzeugt, daß sie es – ihren Bedürfnissen und Fähigkeiten entsprechend – am wirkungsvollsten als Schauspielerin tun könnte. Im Theater sah sie ihren Platz und ihre Aufgabe.

Die Familie glaubte nicht daran, daß sie als Schauspielerin viel Aussicht auf Erfolg haben könnte. Sie entsprach nicht dem Schönheitsideal der Zeit. Sie war ein rundliches, junges Mädchen mit einem breitflächigen Gesicht, lebhaften Augen und energischen Bewegungen. Nichts Knabenhaftes, Schlankes, Dahinschwebendes. Mutter, Bruder, Schwester versuchten, ihr das Theater auszureden. Die häuslichen Dialoge gingen etwa so: »Schau Theres', das ist nichts für dich. Du bist doch überhaupt nicht schön, was willst du da beim Theater?« – »Ich will ja nicht schön sein. Ich will bloß zum Theater.«

Beharrlich bestand sie darauf und machte sich auf den Weg zu Albert Steinrück, um ihm »halt mal vorzusprechen«. Steinrück war nicht nur ein großer Schauspieler, sondern auch ein Menschenkenner. Er wies das vertrauensvolle Mädchen nicht ab, sondern kümmerte sich freundlich um sie. Auf ihr erklärendes: »Ich weiß, ich bin zu dick, aber das Gretchen will ich ja gar nicht spielen«, reagierte er sachlich: »Ja, Sie sind dick. Aber viel weniger dick als begabt.« Und dann schickte er sie, da er selbst keine Zeit für einen langen Unterricht hatte, mit seiner Empfehlung zu Toni Wittels-Stury, der Schauspiellehrerin, die er am höchsten schätzte.

Die Schwester Irma erfand den Namen »Giehse«, mit i-e-h in der Mitte, weil das musikalisch gut mit dem Vornamen harmonisierte. Die Erfindung eines Künstlernamens war nicht nötig, weil die Giehse sich von ihrer Familie distanzieren wollte, sondern weil ihr Geburtsname für eine Schauspielerin sehr ungeeignet war. Als sie später im Kampf gegen die Faschisten zum Schutze der Familienmitglieder vorgab, ohne jeden Kontakt mit ihnen zu sein, wirkte wie Weitsicht, was aus pragmatischer Überlegung entstanden war. Sie hat persönliche Gründe, den Familiennamen nicht zu veröffentlichen. Das ist zu respektieren.

Von der Familie hat, bis auf Siegfried, keiner Faschismus und Krieg überlebt. Die Mutter starb 1934, ein Jahr nach der Machtergreifung

*Jugendbild der Giehse, etwa 1919*

durch die Nationalsozialisten, in Fürstenfeldbruck bei München. Die Giehse war darüber »aus Liebe ganz froh, denn sie hätt' sonst noch viel erleiden müssen«. Max, verhaftet, eingesperrt, enteignet und gequält, flüchtete vor dem NS-Terror nach Südamerika, versuchte, sich in Sao Paulo eine neue Existenz aufzubauen und starb 1939 in Rio de Janeiro, Jeanette 1941 in Hechingen. Irma folgte der Giehse 1939, gerade noch rechtzeitig vor Kriegsausbruch, in die Emigration nach Zürich. Sie starb dort Anfang 1945, kurz bevor der Krieg zu Ende und die Schreckensherrschaft vorbei war.

Mit Siegfried stand die Giehse nie gut. Sie hat ihn nach dem Kriege nur einmal noch getroffen. Er sagte: »Schau Theres', was sie aus unserem schönen München gemacht haben.« Sie sagte: »Wer? Waren das denn nicht die Deutschen selber?!«

Damit war das letzte Worte zwischen ihnen gesprochen. Er hatte nichts gelernt und »zur ganzen Sache nichts zum Sagen«. Die Giehse kann, wenn es nötig ist, auch unerbittlich sein. Was von dem Vergangenen wahr und wichtig ist, hat sie bis heute nicht vergessen.

## *Lernzeit*

Zwei Jahre Schauspielunterricht, fünf Jahre Provinz – sieben Lehr- und Wanderjahre. Der lange Weg durch die Provinz ist heute nicht mehr üblich, weil der kurze Weg ins nächste Fernsehstudio bequemer und um vieles lukrativer ist. Eine gründliche Ausbildung im Schauspielerberuf streben heute nur noch Unbestechliche an, Narren oder Träumer. »Wenn die Sonne der Kultur niedrig steht, werfen selbst Zwerge große Schatten.« Es war Karl Kraus, der das so sagte.
Als die Giehse lernte, wurde nicht nach Quantität, sondern nach Qualität verlangt. Können war nicht Zugabe, sondern Voraussetzung für den Beruf des Schauspielers. Die Lehrerin, zu der sie Steinrück schickte, war Meisterin in ihrem Fach. Toni Wittels-Stury war viele Jahre lang berühmtes Mitglied des Mannheimer Nationaltheaters gewesen, bevor sie zu unterrichten begann. Sie war beliebt bei ihren Schülern, ihre Lehrmethoden wurden weit über München hinaus gelobt und anerkannt. Was einer schon weiß, das muß man ihm nicht beibringen. Was einer ohnehin kann, das muß man nicht üben. Das waren ihre Lehrthesen. Toni Wittels war eine Lehrerin, keine Schulmeisterin.
Die Giehse studierte bei ihr alle klassischen Mädchenrollen, die sie nie spielen würde: das Gretchen, das Klärchen und Käthchen, die Julia, Johanna und Ophelia. »Die Mutter Wolffen spielen Sie von ganz allein« – hier war die Schülerin ihre eigene Lehrerin. Um die listigen Weiber, die besorgten Frauen, die tapferen Mütter und boshaften Hexen mußte sie nicht ringen, die waren ihr alle längst begegnet und von Kindesbeinen an vertraut. Die hatte sie in den Straßen gesehen, bei ihren Handlungen beobachtet, bei ihren Gesprächen belauscht. Über die Frauen aus dem Volke, die feinen Damen und die resoluten Arbeiterinnen, konnte ihr keiner etwas sagen, was sie selbst nicht richtiger und genauer schon wußte. Auch stimmtechnisch war ihr nichts beizubringen. »Sie haben ein Sprachgefühl wie ein

*Toni Wittels-Stury,
bei ihr hatte Therese Giehse
von 1918 bis 1920
Schauspielunterricht*

Komponist, da kann ich nichts verbessern.« Toni Wittels war viel zu klug, dieses Naturtalent zurechtzubiegen und damit zu zerstören. Was gut war, ließ sie gut sein.

Das Geld zum Studium verdiente sich die Giehse während des zweijährigen Schauspielunterrichts in einer amtlichen Kohlenkartenstelle. Es war Nachkriegszeit und alle lebenswichtigen Dinge waren rationiert. In München war die Situation besonders prekär. Die revolutionären Kämpfe gingen nach der mißglückten Novemberrevolution noch monatelang weiter. Die Stadt war zeitweilig von der Außenwelt völlig abgeschnitten und in einem chaotischen inneren Zustand. Kaum jemand fand sich zwischen Freunden und Feinden noch zurecht. Mit viel traumtänzerischer Schwärmerei, aber ohne realistische Voraussetzungen und die notwendigen Mittel wollten Literaten wie Erich Mühsam, Gustav Landauer und Ernst Toller Revolutionäre und Weltverbesserer sein. Die Truppen aus dem Norden waren die brutale Wirklichkeit, an der die bayerischen Rebellen und alle Träume endgültig scheiterten.

In Weimar wurde die Republik gegründet, der Sozialdemokrat Friedrich Ebert ihr erster Präsident.

Ende 1919 war die schauspielerische Ausbildung der Giehse abgeschlossen und sie war auf der Suche nach dem ersten Engagement. Arbeit zu finden, war nicht nur für Schauspieler schwierig, denn die Zahl der Arbeitslosen wuchs rasch. Auf eine Zeitungsannonce hin, in der ein expressionistischer Bühnenverein den Spielleiter für ein indisches Stück suchte, bewarb sie sich für die Regie. Als Schauspielerin wurde sie engagiert und als Büßerin in *Kausikas Zorn* hatte sie am 21. 1. 1920 in München ihren ersten öffentlichen Auftritt. Ganz bescheiden, nebenbei und unauffällig. Auf der Suche nach weiterer Arbeit kam sie nach Berlin. Berlin, Hauptstadt des Kaiserreiches wie der Republik – das Ziel vieler Provinzler, zahlloser Arbeitsuchender, Glücksritter und Künstler, ein bißchen Mittelpunkt der Welt. Berlin spiegelte wie kaum eine Stadt Glanz und Elend einer Epoche wider. Hier wurde der Veitstanz der Goldenen Zwanziger Jahre, für die meisten eher dreckig als golden, in allen Verrenkungen probiert und aufgeführt. Mehr Theater und Agenten gab es nirgendwo, mehr Chancen für arbeitsuchende Schauspieler in keiner Stadt. Die Giehse bewarb sich, stellte sich vor, trabte von Agentur zu Agentur – eine von vielen namenlosen Schauspielerinnen. Sie bewohnte die ehemalige Speisekammer in einem Christlichen Hospiz, mehr als ein Bett ging da nicht hinein. Wollte sie schlafen, mußte der Koffer vom Bett, wollte sie aufstehen, mußte er zurück aufs Bett geräumt werden.

Siegen in Westfalen war der vielen Mühe erster Lohn. Eine Arbeiterstadt und ein kleines Theater mit einem Gemischtwarenangebot. Viel Arbeit und geringer Lohn. Die gutmütige Soubrette des Theaters hatte, weniger zu ihrem eigenen Vergnügen als zum Wohle des gesamten Ensembles, ein nutzbringendes Verhältnis mit einem Provinzindustriellen. In ihrem Beruf nicht sehr begabt, tat sie dennoch viel für die Kunst.

»In der Provinz kann man lernen, aber nicht bleiben« – nirgendwo hielt es die Giehse länger als eine Spielzeit lang. Gleiwitz, gelegen im oberschlesischen Steinkohlengebiet, Landshut und die Bayerische Landesbühne waren ihre nächsten Saisonengagements. Die Lernzeit ging zu Ende, als der berühmte Entdecker junger Talente Paul Barney sie für die Spielzeit 1924/25 nach Breslau holte. Paul Barney war kein sonderlich großer Theatermann, hatte aber einen unübertrefflichen Instinkt für Schauspieler. Er roch Talente. Die besten jungen Schauspieler engagierte er nach Breslau, nur um sie dann gleich an die großen Theater in Berlin und München weiterzugeben. Theaterfürsten wie Max Reinhardt oder Otto Falckenberg, viel zu beschäf-

tigt, um in die Provinz hinaus zu schauen, holten sich aus Breslau all die Großen, die Paul Barney gefunden hatte. Zusammen mit der Giehse waren unter anderen damals Carola Neher und Peter Lorre in Breslau engagiert.

Da der Prophet im eigenen Land bekanntermaßen wenig gilt, wurde auch die Giehse erst in Breslau für München entdeckt. Zwei Jahre lang hatte sie rund um München und quer durchs bayerische Land gespielt, ohne daß man auf sie aufmerksam geworden wäre. Zur Spielzeit 1925/26 holte die Direktion Bach und Veltheim die Münchnerin ans Schauspielhaus und in ihre Geburtsstadt zurück. Wenige Monate danach übernahm Otto Falckenberg das Haus. Die Giehse hatte nicht nur heimgefunden, sondern auch ein erstes künstlerisches Zuhause.

*Breslau, Spielzeit 1924/25.*
*Vorn sitzend: Therese Giehse,*
*stehend: Peter Lorre,*
*hinten stehend: Carola Neher*

## *An den Kammerspielen Otto Falckenbergs 1926–1933 Begegnungen und Freundschaften*

Als die Giehse nach München zurückkam, war Brecht bereits in Berlin. In den Kammerspielen hatte er mehr als nur Spuren hinterlassen. Am 29. 9. 1922 war sein erstes Stück *Trommeln in der Nacht* in der Augustenstraße durch Otto Falckenberg uraufgeführt worden. Für alle Beteiligten ein großer Erfolg. Ein gutes Jahr danach, am 18. 3. 1924, folgte die Uraufführung von *Leben Eduards des Zweiten* in Brechts eigener Regie. Zum erstenmal seit Bestehen der Kammerspiele probte man acht Wochen lang. Brecht forderte eine Lernzeit, die in den üblichen kurzen Probierzeiten nicht berücksichtigt war und die bis heute nur wenige Regisseure durchsetzen konnten. Von 1922 bis 1924 arbeitete Brecht nicht nur als Stückeschreiber und Regisseur, sondern auch als Dramaturg mit Otto Falckenberg und den Kammerspielen zusammen. Otto Falckenberg, einst Regisseur und Darsteller im literarischen Kabarett *Die elf Scharfrichter*, war 1914 von Direktor Erich Ziegel als Dramaturg und Oberspielleiter an die Kammerspiele verpflichtet worden, die er ab Herbst 1917 bis ins Jahr 1944 hinein verantwortlich leitete.

Die Zeit am Schauspielhaus blieb für die Giehse flüchtige Episode, die Direktion Bach und Veltheim kurzes Zwischenspiel. Der Stil des Hauses war in diesen Jahren durch Hermine Körner geprägt worden, der Direktorin am Schauspielhaus von April 1919 bis März 1925.

Der Abschied von der kleinen Kammerspiel-Vorstadtbühne in der Augustenstraße fand am 31. 8. 1926 mit einer Falckenberg-Aufführung von Paul Raynals »Das Grabmal des unbekannten Soldaten« statt. Kaum drei Wochen später, am 19. 9. 1926, eröffnete Otto Falckenberg die *Kammerspiele im Schauspielhaus* mit seiner Büchner-Inszenierung *Dantons Tod.*

Büchner – sein *Woyzeck* war erst 1913, fast 80 Jahre nach seiner Entstehung in München uraufgeführt worden – zählte in den zwanziger

Jahren nicht zum »klassischen« Theaterrepertoire wie heute. Ein Stück dieses Autors als Eröffnungspremiere zu spielen war 1926, da die politischen Auseinandersetzungen sich verschärft hatten, Hitlers *Mein Kampf* bereits Programm der NSDAP war und die SA wie SS zwar leise noch, doch hörbar schon marschierten, Herausforderung und Programm zu gleich. Mit dieser ersten Inszenierung im neuen Haus, die Giehse spielte darin das Weib Simons, des Souffleurs, machte Falckenberg deutlich, daß dem Ortswechsel der Kammerspiele kein Gesinnungswechsel folgen würde. Bequemes Stadttheater würden Otto Falckenberg und seine Schauspieler freiwillig nie machen.

Manche Kompromisse aber wurden nach dem Umzug doch nötig. Das Publikum der Maximilianstraße war sehr verschieden von den Zuschauern in der Augustenstraße. Zwar hielten viele Schwabinger, Studenten und Literaten, die rebellischen Jungen und die zornig gebliebenen Alten, den Kammerspielen auch auf der Maximilianstraße die Treue, doch hatte man jetzt auch auf die saturierten, zufriedenen Bürger und genüßlichen Schauspielhausbesucher, die nie in die Augustenstraße hinausgefunden hatten, Rücksicht zu nehmen. Otto Falckenberg mußte versuchen, auch das Publikum der Maximilianstraße zu gewinnen, ohne die bisherigen Freunde aus der Augustenstraße zu verlieren. Das gelang nicht sofort, dafür um so überzeugender: Die *Kammerspiele im Schauspielhaus* wurden innerhalb der nächsten Jahre ebenso das Theater der Münchner wie die *Kammerspiele in der Augustenstraße* das Theater der Schwabinger gewesen waren. Wie nie zuvor wurde in den Jahren bis 1933 für alle Theater, die sich dem nationalsozialistischen Trend der Zeit widersetzten, die Unterstützung durch das Publikum wichtig.

Im Parkett der Kammerspiele saßen inmitten vieler Gleichgesinnter und Freunde immer auch die nationalsozialistischen Feinde, oft Hitler persönlich. Mancher Dame des Ensembles schickte er, selten zur Freude der Betroffenen, in Verehrung Blumen. Aber er hatte auch Freunde und war deshalb über alle an den *Kammerspielen* Beschäftigten bestens informiert. Er fühlte sich in München und Umgebung sehr zu Hause. Im Hofbräuhaus hatte der »spinnerte Uhu«, den die Bayern in Bierlaune zum Lachen und im übrigen nicht der Rede wert fanden, 1920 sein 25-Punkte-Programm verkündet und vom Biertisch aus Bayerns Metropole zur Hauptstadt seiner Bewegung gemacht. Hier lernte er den Handkuß für die Damen der »Gesellschaft« und die knappe Verbeugung für die Herren von Bank und Industrie. Hier hatte er 1923 den Putsch versucht, war in Festungshaft genommen und vorzeitig wieder entlassen worden. In Bayern war man weniger streng als anderswo. Niemand hinderte ihn daran, während der sehr beschaulichen Haft »Mein Kampf« zu schreiben und sich auf weitere Aktivitäten vorzubereiten. In Bayern war selbst der Klassenkampf eine mehr beredenswerte als kämpferische Sache. In Berlin ging man auf die Straße, schrie und tobte – in München ging man in sein Bierlokal und hörte sich und allen anderen gemütlich zu.

Therese Giehse war eine Schauspielerin, die von Hitler und seinen Gefolgsleuten sehr geschätzt wurde. »Endlich ein deutsches Weib in diesem verjudeten Haus« – die Giehse schien von bester Rasse, wie der »Völkische Beobachter« es seinem deutschen Rassenwahn entsprechend meinte. Aber selbst als es sich herumgesprochen hatte, daß die Giehse Jüdin und ganz und gar nicht arisch sei, wollte man sie dennoch als »reinrassische Deutsche« gelten lassen. Nach tyrannischem Urteilsspruch: »Wer Jude ist, bestimme ich«, sollte die Giehse sein, wie sie in keinem Fall sein wollte: von den Faschisten bewundert und anerkannt. Man bot ihr Saalschutz gegen die eigenen Gefolgsleute und einen bevorzugten Platz im Gruselkabinett der zu Hitlers Vergnügen tanzenden Puppen an. Die Giehse verzichtete. Sie war nicht käuflich und sie war nicht feige. Statt Hitler und seinesgleichen zu vergnügen, bekämpfte sie ihn und seinesgleichen. Sie ging mit denen, deren Zorn größer als die Angst und deren Empörung stärker als die Vorsicht war. Wo so viel Unrecht war, da konnte sie nicht schweigen. Noch 1934 versuchte Münchens Nazibürgermeister Fiehler die emigrierten Kammerspieler Kurt Horwitz und Therese Giehse nach München zurück und heim ins Dritte Reich zu holen.

1926 aber war Hitler noch weit von der Macht entfernt und eigentlich für niemanden im Lande eine wirklich ernst zu nehmende Gefahr. Erst die Weltwirtschaftskrise von 1929 und deren Folgen – über 6 Millionen Arbeitslose im Jahr 1932 – sowie die tiefe Entmutigung des Volkes, machten Hitlers Machtergreifung möglich.

Die Kammerspiele hatten – ihrer kämpferischen Tradition gemäß – eine große Zeit. Sie machten zwar ein literarisches und kein politisches Theater, aber eins, das den Kampf nie scheute. In diesen Jahren fanden im Kammerspielhaus so viele Ur- und Erstaufführungen statt, daß Otto Falckenberg zum Magier und Zauberer erklärt und seine Bühne zur wichtigsten literarischen Werkstatt in Deutschland wurde. Aber nicht nur die Quantität, sondern auch die Qualität der einzelnen Aufführungen war erstaunlich. Natürlich war nicht jedes neue Stück ein literarischer Gewinn, nicht jede Inszenierung eine künstlerische Offenbarung oder auch nur eine gelungene Sache. Es gab Gelungenes und Mißglücktes, aufsehenerregende Erfolge und ganz gewöhnliche Pleiten – Langeweile aber gab es nicht. Auch kein

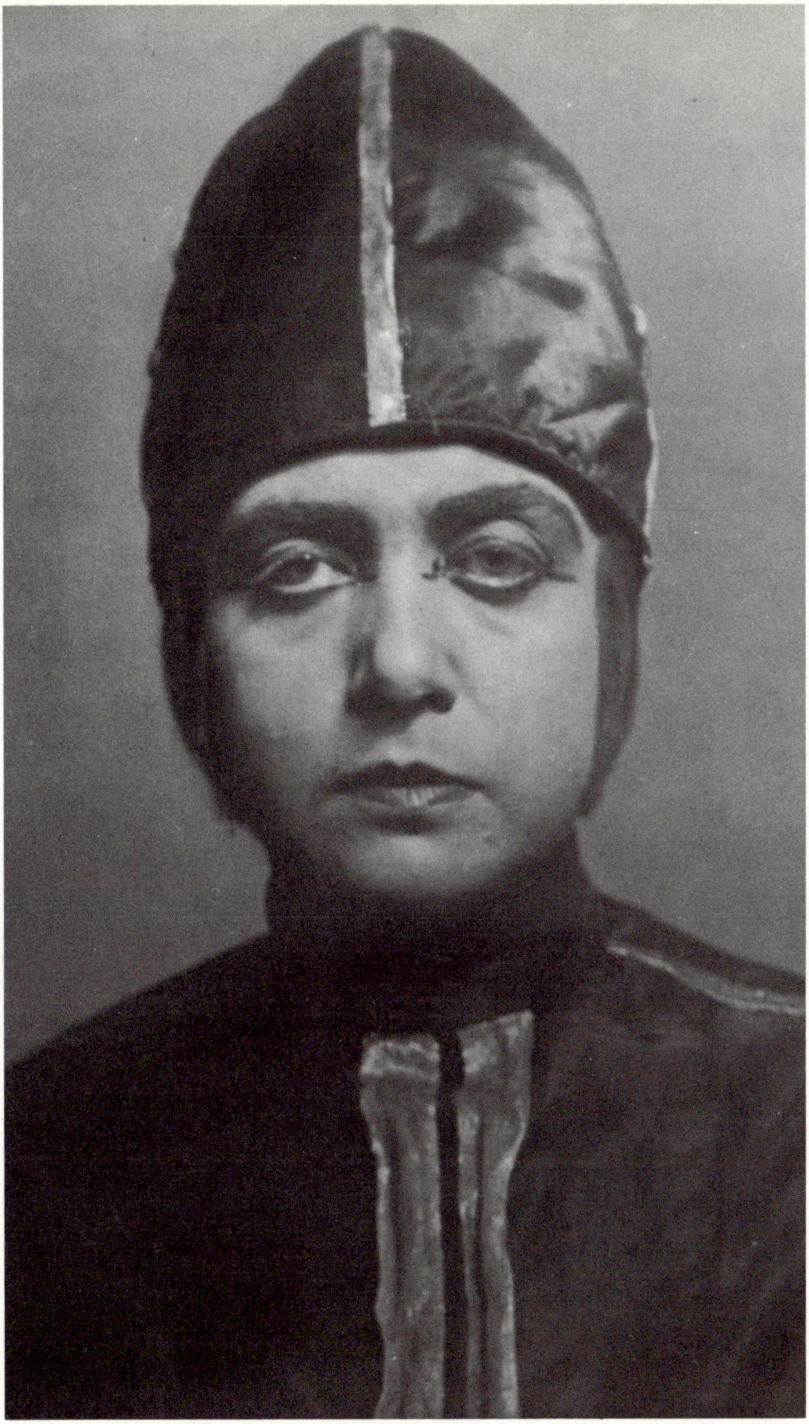

*Therese Giehse in »Zurück zu Methusalem« von G. B. Shaw, Schauspielhaus München, 1925*

*Therese Giehse als Königin in »Hamlet« von Shakespeare, Kammerspiele München, 1930, Regie: Otto Falckenberg*

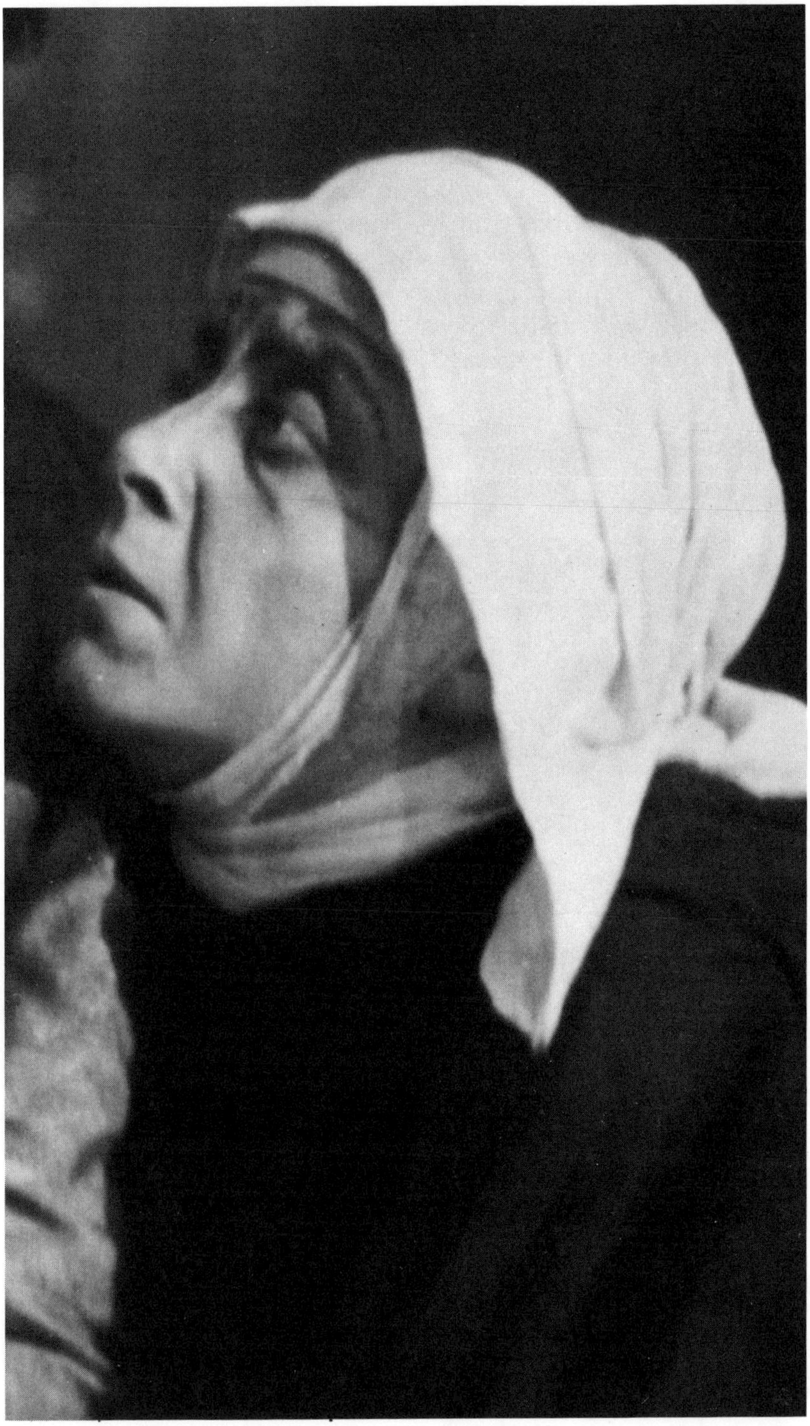

*Therese Giehse*
*als Mutter in »Meier Helmbrecht«*
*von Eugen Ortner,*
*Kammerspiele München, 1928,*
*Regie: Otto Falckenberg*

Handelsvertreter in Sachen Theater und Regie wie heute. Otto Falckenberg war kein herumreisender Stardirigent, sondern Regisseur im eigenen Hause. Seine Schauspieler waren keine überall und nirgendwo beheimateten Stars und Wandermimen, sondern ein Ensemble. Es war selten, daß ein Kammerspiel-Schauspieler in einer anderen Stadt gastierte und wenn, dann nur für ein Stück und für kurze Zeit. Anders als für die großen Berliner Theater-Matadoren und -Heroinen, die für viel Geld die Provinz bereisten und sich dem staunenden Volke huldvoll zeigten, war für die Schauspieler Falckenbergs sein Haus der feste Arbeitsplatz. Man spielte die alten Spötter und Kämpfer, dazu die neuen Revolutionäre, alles was kritisch und rebellisch war und nach 1933 verboten und geächtet wurde: Carl Sternheim, Heinrich Mann, Georg Kaiser, Werfel, Hasenclever, Klabund, Leonhard Frank, Bruno Frank, Ferdinand Bruckner, Alfred Döblin, Friedrich Wolf, Bertolt Brecht und viele andere. Man

*Therese Giehse und Berta Drews in »Cyankali« von Friedrich Wolf, Kammerspiele München, 1930, Regie: Otto Falckenberg*

*Weiß Ferdl und Therese Giehse in »Er und seine Schwester« oder »Die gestörte Vorstellung«, Gesangsposse von B. Buchbinder, Volkstheater der Kammerspiele, 1931*

zeigte – wie in »Cyankali« – die verbotene Abtreibung auf der Bühne und unterstützte damit die leidenschaftliche Forderung des schreibenden Arztes Friedrich Wolf nach Abschaffung des Paragraphen 218. Man sang in die *Lulu*-Aufführung Wedekinds freche Lieder und Balladen als Zwischentitel hinein. Man wagte Aufführungen von Bruckners *Verbrecher* und Döblins *Ehe*, die – trotz offiziell abgeschaffter Polizeizensur – nach der Premiere sofort verboten wurden wodurch Jahre vor Hitlers Machtergreifung geltendes Recht außer Kraft gesetzt wurde.

Die Giehse spielte in jener Zeit ebenso in den kämpferischen Stükken, verbotenen Aufführungen und Falckenbergs Geniestreichen wie in den Possen und harmlosen Faschingsspäßen. Die Kammerspiele, dem Haus war zeitweilig das Volkstheater angegliedert, nahmen auch die Schwänke und die Unterhaltung wichtig. Karl Valentin und Liesl Karlstadt gastierten »mit viel Respekt vor diesem literari-

*Therese Giehse als Frau Vogl und Michl Lang in »Sturm im Wasserglas« von Bruno Frank, Aufführung der Kammerspiele von 1957*

schen Theater« und Weiß Ferdl, »der Mann mit dem geklebten Clownsgesicht« war der Partner von der Giehse. Bruno Franks *Sturm im Wasserglas* wurde unter der jubelnden Anteilnahme der Zuschauer erstaufgeführt, denn die Münchner hatten kurz zuvor gemeinsam mit allen kläffenden Vierbeinern aus der Stadt und der Umgebung gegen die Hundesteuer lautstark protestiert. Wie keine zweite Rolle hat die streitbare Hundebesitzerin Frau Vogl die Giehse im Volke populär gemacht. Stolze Hundebesitzer, deren Dackel das große Glück zuteil wurde, auf der Bühne Partner der Giehse zu sein, wurden wie Diven gehalten und durften ihre Herrchen mit würdevoll erhobenen Schwänzen ganz nach Belieben spazierenführen. Wer war schon Eleonora Duse – das Tonerl aber kannte jeder.
Ob als Mutter Wolffen im *Biberpelz*, als Frau John in Hauptmanns *Ratten*, ob als komische Alte, Kokette oder Billettverkäuferin – die Giehse gab allen Figuren ein eigenes, unverwechselbares Gesicht. Geliebt vom Publikum, geschätzt von allen Kennern. Thornton Wilder, 1928 vorübergehend als Theaterkritiker in München, in seiner Kritik über *Hokuspokus* von Curt Goetz: »Die Giehse hatte als Theatersekretärin nur eine kleine Rolle und doch spielte sie diese genauso glücklich und bedeutend, als ob sie das volle Gewicht der Biberpelzrolle zu tragen hätte. Aus Gründen, die an sich für das Stück nicht wichtig waren, hatte sie sich entschlossen, ihre zwölf Sätze mit einer starken Schnupfennase zu spielen. Furchtbares Geschnaube und dauernde Pausen durch das Taschentuch. Wunderbar!« Thornton Wilder blieb ein Verehrer. Auf jeder seiner Europa-Reisen besuchte er die Giehse, ging er in ihre Vorstellungen. Nach einer belanglosen Lustspieltollerei – die Giehse hatte völlig improvisiert eine Einlage als Clown geben müssen – sagte Karl Kraus, der selten bewunderte, aber viel bewundert sein wollte: »Wer ist der Menschenfreund? Den muß ich kennenlernen.« Und er lernte sie kennen. Er wurde ein gerngesehener Gast in der Herzog-Rudolf-Straße, wo die Giehse, gemeinsam mit ihrer Mutter und der Schwester Irma sowie der neuen Hausgenossin Daisy, einem Sillyham von bester englischer Rasse, noch immer wohnte. Die Mutter warnte dann alle Leute im Haus, »weil bei ihnen mal wieder eine ganze Nacht lang gesprochen und gesungen werden würde«.
Thomas Mann, 1927 nach der Uraufführung des Kriegsgewinnler-Stückes »Das gastliche Haus« von seinem Bruder Heinrich bei der Premierenfeier Tischherr der Giehse, wurde ein großer Bewunderer ihrer Kunst und ein Freund. Mit seinen Kindern Klaus und Erika war die Giehse wie mit nur wenigen Menschen befreundet. Beide lebten im Schatten ihres weltberühmten Vaters. Was immer sie taten

– sie waren und blieben »die Mann-Kinder«. Sie waren nicht Klaus und Erika Mann, sondern »der Sohn« und »die Tochter von ...« Sie gaben sich frech, herausfordernd und unverschämt. Wenn schon »die Kinder«, dann keine von der wohlerzogenen und braven, sondern die von der garstigen Sorte. Sie schauten belustigt auf all die vielen »guten Freunde«, die über sie hinweg in bewundernder Verehrung sich um den »großen Meister« drängten. Für Erika Mann, ohne eigenen schriftstellerischen Anspruch und in späteren Jahren ganz Sachverwalterin des väterlichen Erbes, war die Situation weniger quälend als für ihren Bruder Klaus. Er verstand zu schreiben. Er konnte besser als viele andere Literaten sein, am Werk seines Vaters gewogen wurde alles für zu leicht befunden. Thomas Mann sah, daß man seinem Sohn Unrecht tat und konnte ihm doch nicht helfen. Konnte auch den frühen Tod des »vielleicht Begabtesten seiner Generation«, wie er ihn nannte, nicht verhindern.

*Therese Giehse als Schieberin und Otto Framer in »Das gastliche Haus« von Heinrich Mann, Kammerspiele München, 1927, Regie: Erwin Piscator*

Die Giehse, fast zehn Jahre älter und um vieles vernünftiger als die zwei »enfants terribles« im literarischen München der zwanziger Jahre war die Freundin, die sie brauchten. Bei ihr konnten sie ohne Verstellung, Maske oder Pose sein. Als Erika Mann, kaum von ereignisreicher Weltreise zurück, in großer Wiedersehensfreude, bepackt mit mancherlei Merkwürdigkeiten aus den Basaren der großen weiten Welt, sofort zu der verehrten Freundin eilte, war diese »eigentlich erstaunt, daß man sich so gut kannte«. Bewunderung und Liebe, die ihr selber galten, haben sie stets mehr verblüfft als ergriffen. Die Freundschaft der Giehse für Klaus und Erika Mann war bald durch nichts zu erschüttern. Selbst ihre Dummheiten machte sie mit. Die Uraufführung von Klaus Manns Vierakter *Geschwister*, nach Cocteaus *Enfants terribles*, 1930 im Studio der Kammerspiele wurde einer der eklatantesten Mißerfolge, an denen sie je beteiligt war. Das hatte sie vorausgesehen, sie wußte, zu dieser Zeit hatten die Leute andere Sorgen, als ein romantisch verträumtes Stück über eine Geschwisterliebe bedeutungsvoll finden zu können. Trotzdem ließ sich die Giehse nicht davon abhalten, bei dem »großen Einschlafspiel« – so ein Kritiker – freudig mitzumachen und zu retten, was dabei zu retten war. Das war nicht viel, aber auch für das Wenige waren Publikum und Kritik ihr dankbar: »Von den Schauspielern sei noch Frau Giehse genannt, die einem Dienstmädchen so gewinnende Züge verlieh, daß man wenigstens *einen* normalen Menschen zu sehen glaubte.«

Klaus Mann revanchierte sich mit einem Danaergeschenk, das die Giehse, obwohl es ihr nichts als Verdruß einbrachte, trotzdem sehr freute. Er widmete ihr seinen mit viel leidenschaftlichem Zorn geschriebenen »Mephisto, Roman einer Karriere«. Das nach 1933 im amerikanischen Exil geschriebene Buch, bis heute in der Bundesrepublik auf Einspruch Gustaf Gründgens und seinem »Andenken zu Ehren« verboten, schildert den Aufstieg des Schauspielers Hendrik Höfgen vom Star eines Provinztheaters bis zum groß gefeierten »Wunderknaben« des Dritten Reiches. Obwohl Klaus Mann betonte, daß seine Romanfiguren Typen und keine Portraits seien, fand Gründgens sich in der Hauptfigur portraitiert. Er verhinderte das Erscheinen eines großartigen Romans und einer der ersten wesentlichen Auseinandersetzungen mit den Zuständen im Dritten Reich. Nach dem verlorenen Krieg besuchte Gründgens die Giehse in Zürich. Und dieser Besuch hatte seine Gründe. Er wollte ihr seine Haltung den Faschisten gegenüber erklären. Dazu die Giehse heute: »Er hat halt ein großes Getue gehabt. Er hätte gemußt. Nur dadurch, daß er mitgemacht hat, hätte er vielen Leuten das Leben gerettet. Sich selbst hat er vor allem gerettet. Den Staatsrat mußte er annehmen. Der Göring hat ihn wissen lassen, wenn er den Staatsrat ablehnt, dann wäre es aus. Angenehm war das alles sicher nicht. Andererseits war es bequem. Schließlich hat er prunkvoll gewohnt und wurde verwöhnt. Schlecht gelebt hat er dabei nicht.« Außerdem erbat Gründgens die Hilfe der Giehse gegen Klaus Mann und »das schlimme Buch«. Er hatte die Widmung übersehen. Durch die Giehse darauf hingewiesen, war ihm die ganze Sache dann sehr peinlich. Im Unterschied zu ihm hatte Klaus Mann sich erst genau informiert und dann gehandelt. Er hatte bei der Giehse nachgefragt, ob ihr eine Widmung in so explosiver Sache denn überhaupt recht sei. Ihre Antwort war: »Ich fühle mich geehrt.« Das haben ihr viele übelgenommen, denn Gründgens war ein sehr beliebter Mann. Nicht wenige jüdische Emigranten haben ihn als Schauspieler sehr verehrt, auch dann noch, als sie sein Verhalten nicht verstehen konnten.

In die Kammerspiel-Zeit vor Beginn des Dritten Reiches fiel auch die erste Begegnung mit Bertolt Brecht, »die allerdings verwaschen blieb. Brecht kam damals nur kurz vorbei, ganz der vielbeschäftigte Dichter.« Im Juli 1929 inszenierte Hans Schweikart eine der erfolgreichsten *Dreigroschenoper*-Aufführungen, die es je gegeben hatte. Die Giehse spielte die Celia Peachum. Brecht war bei den Endproben dabei. Bis heute gilt diese Inszenierung als einer der größten Erfolge in der Geschichte der Kammerspiele. Carola Neher, wenige Jahre zuvor mit der Giehse zusammen in Breslau engagiert, muß eine herrliche Polly gewesen sein. »Das ›hoppla‹ hat ihr keine nachgemacht.« Die Kunst steckt im Detail.



Wie alle wesentlichen Begegnungen, aus denen Freundschaft wurde, war auch die erste »künstlerische Bekanntschaft« der Giehse mit Brecht kein blitzartiges Feuer-und-Flamme-Zusammentreffen, sondern ein erstes Kennenlernen. Bis 1941 hörte sie nichts von ihm. Dann schickte der emigrierte Dichter der emigrierten Schauspielerin seine »Mutter Courage« aus Schweden nach Zürich. Sie kannte ihn als Stückeschreiber, er wußte, wie sie Theater spielte – das war Voraussetzung genug. Das notwendige Vertrauen schuf die Gemeinsamkeit der Emigration: »Das ist heut gar nicht zu verstehen, was wir uns bedeutet haben in der Emigration. Jeder war für sich, aber keiner war allein.«

Jahre vor Beginn der Emigration und lange bevor die Giehse und Bertolt Brecht zusammen arbeiteten, hatte Erika Mann in kenntnisreicher Voraussicht festgestellt: »Wir werden die Giehse an Brecht verlieren.« Was für die Arbeit stimmte, aber befreundet war sie sowohl mit Bertolt Brecht als auch mit Thomas Mann. Jeder der beiden Antipoden hat ihre Freundschaft für den anderen höflich respektiert. Die Veröffentlichung der Arbeitsjournale Brechts hat den alten Gegensatz neu offenbart: die fundamentale Verschiedenheit der beiden Großen. Ein Widerstreit, an dem die literarische Welt lebhaft beteiligt ist. Die Kontrahenten sind tot. Jetzt haben die eifernden Hinterbliebenen das Wort. »Da sind nun all die vielen Zungen zum Plappern freigegeben« – die Giehse lehnt es ab, viel mehr dazu zu sagen.

Thomas Mann, 23 Jahre vor Brecht geboren, hatte eine völlig andere Entwicklung als dieser. Den Verfall der bürgerlichen Welt schilderte er wie kein Zweiter. Zu einer neuen sozialistischen Welt aber konnte er sich nicht bekennen. Er blieb ein Humanist, wurde kein Sozialist. Ein Romancier, kein Stückeschreiber. Verständlich, daß Brecht von seinem kämpferischen Standpunkt aus in ihm nur den geruhsam schreibenden Bürger sah. Womit er ihn, nach Meinung der Giehse, unterschätzte: »Thomas Mann war sicher ein Bürger, aber nur geruhsam war er nicht.« Er war im Gegenteil sehr aufgeschlossen. Liebte wie sein Bruder Heinrich das Theater und alles, was dazu gehörte. Die großen Aufregungen, Skandale, die Klatschgeschichten und den vielen Lärm um nichts.

Brecht hat ihm manches verargt, vor allem, daß er in der Emigration besser als die meisten Nazifeinde und Naziopfer lebte. Dabei lebte er, Brecht, auch nicht schlecht. Bei aller Feindschaft hatten Brecht und Thomas Mann aber viel Achtung voreinander. Sie waren Gegenspieler, zanksüchtige Marktweiber waren sie nicht. Beide hatten außerdem viel Humor. Sie konnten auch in ihren Feindschaften noch lustig sein. Nach dem Kriege brachte die Giehse Brechts »Mut-

*Therese Giehse*
*als Gartenlaube-Autorin in »Pension Schöller« von Laufs-Jacoby, Volkstheater der Kammerspiele, 1931*

ter Courage« zu Thomas Mann. Sie mußte ihn nicht zwingen, das Stück zu lesen. »Das Scheusal hat Talent«, sagte er beeindruckt nach der Lektüre. Das erzählte sie Brecht. Der freute sich darüber wie ein Schulbub und gab gönnerhaft das Kompliment zurück: »Seine Kurzgeschichten hab' ich ja immer ganz gern gemocht.«

In den Jahren 1926 bis 1933 spielte die Giehse – bis auf ein kurzes Gastspiel bei Karlheinz Martin an der Volksbühne in Berlin – ununterbrochen an den Kammerspielen. Eine Theaterarbeit tatsächlich ohne Unterbrechung, denn bis auf die alljährlichen Theaterferien wurden keine Pausen gemacht. Nicht jeder Schauspieler war in jedem Stück beschäftigt. Doch war das Arbeispensum: lernen, proben, spielen – für alle Kammerspieler enorm. Viel Freizeit blieb da nicht. Ihre Hündin Daisy sah die Giehse mehr auf der Bühne als zu Hause, denn der »alberne Schinken« – so die deutsche Übersetzung seiner Rassebezeichnung: Sillyham – spielte manchmal mit. Gegen diesen frechen Hund kam keiner auf der Bühne an. Kollegen wurden fast zur Raserei gebracht, wenn sie als Dienstmagd mit ihrer Daisy an der Seite während der Vorstellung alle fünf Minuten quer über die ganze Bühne »Gassi« ging. Nach Jubel-Kritiken in Lustspielen aus dieser Zeit befragt, winkt sie bescheiden immer ab: »Da wird wohl Daisy dabei gewesen sein.«

Die Giehse gehörte zu den am meisten beschäftigten Schauspielern des Hauses. Die Münchner Kritik hat es bemerkt und bewundernd festgehalten. Nach der *Biberpelz*-Aufführung am 22. 12. 1932, man feierte Hauptmanns 70. Geburtstag, schrieb der Kritiker Wilhelm Hausenstein, einer von den wenigen, die Naziparolen nicht zum Maßstab ihres Schreibens machten: »Innerhalb dieser hoch zu rühmenden Einheit der Gesamtleistung standen Therese Giehse und Kurt Horwitz voran: sie als Mutter Wolffen, er als Amtsvorsteher Wehrhahn. Was Frau Giehse in diesen für die Kammerspiele und ihre Künstler so bösen Zeiten leistet, grenzt ans Fabelhafte. Soeben hat sie in den *Ratten* die weibliche Hauptrolle kreiert, schon bereitet sie eine neue Rolle vor, und inmitten dieser Aufgaben vermag sie eine imponierende, zugleich elementare und formal gänzlich beherrschte Figur der Mutter Wolffen.« Mit den »bösen Zeiten« war nicht die kurz bevorstehende Machtübernahme durch die Nationalsozialisten, sondern der finanzielle Zusammenbruch der Kammerspiele gemeint. Seit den Jahren in der Provinz hatte sich für die Giehse viel verändert, eins aber war nach wie vor dasselbe: viel Arbeit und geringer Lohn. Die Kammerspiele, seit ihrer Gründung in unaufhörlichen finanziellen Schwierigkeiten und angewiesen auf die großzügige Spendenfreudigkeit eines noblen jüdischen Bankiers, gingen am

26. 10. 1932 mit fast einer halben Million Mark Schulden in Konkurs. Bereits im Jahr zuvor waren alle Gagen und Honorare um fast ein Drittel gekürzt, war eigentlich niemand der am Hause Beschäftigten mehr regelmäßig bezahlt worden. Nicht die Künstler nicht die Arbeiter und Angestellten. Allein die ausstehenden Gagen- und Lohnforderungen betrugen etwa hunderttausend Mark. Otto Falckenberg und seinen Schauspielern war es jahrelang gelungen, den finanziellen Ruin der Kammerspiele immer wieder aufzuhalten. Mit viel Phantasie, Improvisationsgeschicklichkeit und einem zugkräftigen Stück zur rechten Zeit, war die bevorstehende Katastrophe oft abgewehrt worden. Auf die Dauer aber ließ sich der wirtschaftliche Zusammenbruch nicht verhindern: es war zu wenig Geld da. Was aber bedeutete der Bankrott der Kammerspiele gemessen am Zusammenbruch der Weimarer Republik.

Die Giehse, zugleich Star und bescheidenes Ensemblemitglied, hatte das Theater im »Establishment« bereits verlassen. Am 1. Januar 1933 – 29 Tage vor Beginn der Amtsperiode des neuen Kanzlers – eröffnete sie mit Erika Mann und einigen Gleichgesinnten in der Münchner Bonbonnière, dicht gelegen am Hofbräuhaus, das *Literarische Cabaret, die Pfeffermühle.* Gründer: neben Klaus und Erika Mann der Musiker Magnus Henning und die Giehse. Sie nannten sich »literarisch«, weil sie politisch sein wollten. Ihr Programm: der Kampf gegen Hitler.

Zum erstenmal seit sie an das Haus gekommen war, spielte die Giehse an den Kammerspielen nur noch nebenbei. Ihre Bühne und ihr Kampflatz war jetzt das kleine Nudelbrett in der Bonbonnière, ihr künstlerisches Zuhause *Die Pfeffermühle.* Am 31. 1. 1933 hatte die Giehse in dem Lustspiel *Das Schwedische Zündholz* von Ludwig Hirschfeld ihre letzte Rolle vor der Emigration im Kammerspielhaus. Die enormen äußeren und inneren Belastungen waren ihr nicht anzumerken. Sie tat ihre Arbeit und sie tat ihre Pflicht.

Aus der Kritik der *Münchner Telegramm-Zeitung* vom 1. 2. 1933: »Den Erfolg entschied freilich auch eine Aufführung mit prachtvollem Rückgrat. Dies Rückgrat, diese Wirbelsäule hieß Therese Giehse. Die außerordentliche Schauspielerin stellte eine Haushälterin Johanna auf, der man den homerischen Titel einer göttlichen Schaffnerin zu widmen versucht war. Frau Giehse spielte – was in Anbetracht ihrer Gesamtleistung aus letzter Zeit verblüffend ist – mit vollkommener Kraft und Frische. Man begreift nicht, wie sie es vermag: aber mit jeder neuen Arbeit scheint diese Frau an Naturkraft und an künstlerischer Bestimmtheit zuzunehmen. Alles, was sie tut, ist mehr und mehr voll von Substanz, Klarheit und stilbildender

Einfachheit; ihr Auftreten allein ist schon eine Erquickung für uns. Und ist es denn nicht wahr, daß diese Künstlerin, hinter der fühlbar der Reichtum eines ganzen Menschen steht, selbst den gleichgültigsten Dingen, die sie in ihrer Rolle zu sagen hat, die eigentümliche Kraft einer ursprünglichen Bedeutung zurückzuschenken vermag?«
Kurze Zeit danach mußte die Giehse München und Deutschland verlassen. Einer hatte denunziert, ein anderer hatte gewarnt. Am 13. 3. 1933 war sie mit wenig Handgepäck und ohne auf Wiedersehen zu sagen – wie mit ihr und nach ihr noch viele – unterwegs. Am 15. 3. 1933 traf sie in Arosa mit der Familie Thomas Mann zusammen. Der lange Weg der Emigration hatte begonnen.

# *Pfeffermühlenzeit 1933–1937*

»Gingen wir doch öfter als die Schuhe die Länder wechselnd« – ob für Bertolt Brecht, Therese Giehse oder einen von den vielen Namenlosen, das Emigrantenschicksal war für alle gleich. Der beispiellosen Menschenjagd und Intellektuellenhetze folgte ein beispielloser Flüchtlingsstrom ins europäische und amerikanische Asyl. Auch Nichtjuden, Nichtgefährdete und solche, die keine Widerstandskämpfer waren, verließen das Land, in dem sie sich nicht mehr zu Hause fühlen konnten. Allein über anderthalbtausend bekannte Schriftsteller gingen nach Amtsantritt des »großen Führers« über die deutschen Grenzen in die Emigration. Heinrich Mann hat die Gründe für ihr Fortgehen formuliert: »Lieber gleichgeschaltet als ausgeschaltet, damit kann ein Bankier zur Not noch durchkommen, ein Schriftsteller nicht.« Jeder, auch der unpolitische Literat, der sich der Diktatur der Reichsschrifttumskammer widersetzte und seine Arbeiten im Ausland veröffentlichte, wies sich – auch wenn er gar kein Kämpfer war – als Nazigegner aus. Er sagte »nein« zur Diktatur und Gewaltpolitik im Lande. Nicht alle, die »zu Hause« blieben, waren Hitlerfreunde oder schwiegen zu den Untaten der Nazis und ihrer Sympathiesanten. Mutig und empört wagten sie ihren Kampf gegen das Unrecht und den Terror an Ort und Stelle. Wirkliche Chancen, zu Wort zu kommen und gehört zu werden, hatten sie jedoch nicht. Sie wurden, wie Erich Mühsam, Carl von Ossietzky und viele andere, in den Konzentrationslagern vergast, erschlagen, zu Tode gefoltert oder durch sonstige Mittel der Gewalt und Demagogie zum Schweigen gebracht. Auch außerhalb des Dritten Reiches lebten die Nazigegner sehr gefährlich. Für Hitler gab es keine Grenzen. Weder geographische noch völkerrechtlich gesicherte noch vernunftsmäßige. Die Emigranten wurden auch im Ausland verfolgt und bespitzelt. Ihre geflohenen Opfer waren den Nazis egal, die ihnen entkommenen Feinde nicht. Hitler hatte schnell erkannt, daß die jüdischen Emigranten »zwar zahlenmäßig größer, in politischer Hinsicht aber bedeutungsloser« als die politischen Emigranten waren. Bereits im Mai 1933 wurde ein Sonderdezernat zur Überwachung der Emigrantentätigkeit eingerichtet. Die diplomatischen Auslandsvertretungen waren angewiesen »das Tun und Treiben der sogenannten deutschen Emigranten mit Aufmerksamkeit zu verfolgen« und darüber nach Berlin zu berichten. Mit allen Mitteln versuchte Hitler, die Emigranten rechtlich zu isolieren und als »aus Deutschland entwichene Verbrecher« darzustellen. Das gelang nicht schlecht. Für das Ausland blieb das Dritte Reich, trotz aller Gegenbeweise und Warnungen seiner Feinde und Opfer, ein Rechtsstaat. Man hatte in allen westlichen Demokratien viel Respekt und Sympathie für das »neue Deutschland«, worin ein so energischer Staatsmann wie Adolf Hitler mit beneidenswertem Erfolg für »Ruhe und Ordnung« sorgte. Der zur Macht gekommene Verbrecher galt im Ausland viel, die ohnmächtigen Empörer galten wenig, ja nichts. Sie waren die vaterlandslosen Gesellen, die Unruhebringer und rebellischen Naturen – heimat- und rechtlos. Überall nur geduldet und nirgendwo gern gesehen. Man begegnete ihnen mit Mißtrauen und Ablehnung. Als ungeliebte Störenfriede mußten sie die traurige Erfahrung machen, daß das Ausland Hitler ebenso unterschätzte, wie sie ihn vor 1933 selbst unterschätzt hatten. Trotzdem ließen sie sich – vor allem in den ersten Jahren der Emigration – nicht entmutigen, auch nicht vom Kampf gegen Hitler und das Nazideutschland abhalten. Es war ein Kampf unter schwersten Bedingungen. In der Schweiz war den Emigranten jede politische Betätigung bei Strafe des Ausgewiesenwerdens verboten. In Frankreich wurden die Hitlergegner bei Kriegsausbruch gar interniert und mußten nach ihrer Entlassung oder Flucht aus den Lagern versuchen, England oder Amerika zu erreichen.

Die Giehse blieb in Europa und setzte den Kampf mit ihren Mitteln fort. Eine Schauspielerin nur, aber eine Einheit von Wollen und Können. Beispielhaft wie ihr politisches Wollen war ihr künstlerisches Können. Bertolt Brecht, kein Freund großer Worte und unverdächtig leichtfertiger Lobhudeleien, nannte sie später schlicht »die größte Schauspielerin in Europa«.

Am 30. 9. 1933 zeigten die Mitglieder der *Pfeffermühle* mit einem neuen Programm im *Hirschen* zu Zürich, wie gut der von Thomas Mann für sie gefundene Name zu ihnen paßte. Hinter der literarischen Tarnung waren sie verwegen politisch. Namen wurden nicht benutzt, und doch wurde alles beim Namen genannt: die Dummheit, Heuchelei, der Betrug und der Mord, der faschistische Terror und

*Erika Mann*
*in einer Vorstellung der »Pfeffermühle«, 1933/34*

das eine große Verbrechen wider die Menschlichkeit. Der *Hirschen* am Hirschenplatz im Zürcher Niederdorf, heute eine hoffnungslos armselige Absteige und triste Gastarbeiterkneipe, wurde zum Wallfahrtsort für diejenigen, die allen Schrecknissen und den menschlichen Bestien zum Trotz an das Gute im Menschen und einen Sieg der Vernunft noch glaubten. Die Giehse war Kopf und Körper, Erika Mann die »Frau Direktor« und das Gehirn des beherzten Unternehmens. Sie schrieb die Texte und machte die Conférence. Ihr zuzuhören war für die Giehse »ein immer neuer Genuß. Sie konnte mit dem Publikum auf unvergleichliche Art und Weise reden, gleichzeitig überzeugend und verführerisch.«

Das Publikum im *Hirschen* saß dicht gedrängt auf den zweihundertzwanzig Sitzgelegenheiten, mehr aufeinander als nebeneinander. Die *Pfeffermühle* spielte wochenlang vor ausverkauftem Haus, danach quer durch's kleine Schweizerland und das am Anfang noch so große freie Europa, das mit den Jahren immer kleiner, weil von den Faschisten erobert und besetzt wurde.

Erika Mann, die Freundin und Komplizin der Giehse in jenen »Pfeffermühlenzeiten«, hat die ersten Jahre im Exil sich rückerinnernd festgehalten:

»Wir waren Fremde überall – nur zur Not geduldet von Behörden, die sich gehalten sahen, uns jede direkte politische Betätigung zu untersagen. Zu nah und mächtig war rundum das Nazireich. Die Machthaber zu reizen, sie gar von flüchtigen deutschen Aufwieglern reizen zu lassen, das verbot sich durchaus. ›Immer indirekt!‹ hieß also unsere Losung. Kein Name – auch nicht der unseres verdorbenen Landes – ist je bei uns gefallen. Wir wirkten in der Parabel, im Gleichnis und Märchen, unmißverständlich, doch unschuldig – dem Buchstaben nach. Trotzdem hagelte es Proteste von seiten der NS-Botschafter und Gesandten. Auch gab es – unter deutschem Oberkommando – in der CSR die Henlein-Leute, in Holland die Banden des Mynheer Mussert, in Belgien diejenigen des M. Degrelle und in der Schweiz die ›Frontisten‹. Anno 34 gingen letztere zum bewaffneten Angriff über, die Saalschlacht tobte, es wurde scharf geschossen – einen Monat lang zog allabendlich die motorisierte Polizei von Zürich Schutzringe um unser Lokal, ohne doch die gefährlichsten Krawalle verhindern zu können. Wir fanden – die Giehse und ich – keine Unterkunft mehr in den Hotels, wohin die ›Patrioten‹ uns steinewerfend folgten. Meine Eltern wohnten in Küßnacht. Unterwegs dorthin – dies war amtlich bekannt – lauerten Entführer, wir sollten ›heim ins Reich‹. Der Ford fiel also aus. Blieb der Bus. Und der Küßnachter Schutzmann, der uns abzuholen hatte an der Station.

*Der »Rumpel-Ford«, mit dem Erika Mann und Therese Giehse in der ersten Pfeffermühlenzeit quer durch Europa unterwegs waren*

Der Gute. Und wenn nun von unseren Gönnern auch nur zwei oder drei bewaffnet anrückten? Gleichviel, Krieg ist Krieg, und unleugbar standen wir ›im Einsatz‹, allen voran die Giehse. Denn während der Zündstoff von mir kam (etwa 85 Prozent der Texte lieferte ich, zu etwa 10 Prozent war Klaus vertreten, und das Restchen entstand am Rande), war doch besonders sie es, die zündete ...

Wer immer sie wirken gesehen, wird sie so leicht nicht vergessen. Wer aber Zeuge ihrer Darbietungen war in jener Zeit, dem läuft es – dies ist dutzendfach erwiesen – noch heute kalt und heiß den Rükken hinunter. Er erinnert sich: Grauen war es und Gelächter – beides gleichzeitig –, was sie hervorrief, Zorn *und* Erbarmen.

Flaubert sammelte Dokumente. Sie betrafen die menschliche Dummheit, deren Ausmaße den Dichter faszinierten. ›H-Enorme!‹, sagte er bewundernd. Mag sein, der Franzose hat mir das ›Lied von der Dummheit‹, ihre Selbstanzeige, eingegeben – finsterste Glanznummer der Giehse. In wallendem Babykleid (rosa) und flachsiger

*Therese Giehse im Kabarett »Die Pfeffermühle« beim Vortrag des Textes »Das Lied von der Dummheit«*

Perücke (schulterlang) stand die Giehse auf rundem Postament (denkmalgleich) und kündete gereimt von sich und ihrer Allmacht: sie prahlte, schäkerte und drohte. Dann wieder erschrak sie jählings vor sich selbst, erstarrte zur Bildsäule und zum Prosa-Refrain: ›Ja, um Gottes willen, bin ich *dumm*!‹ Wie vorm Salto hatte vorher die Musik ausgesetzt. Nun fiel sie wieder ein, voll orchestriert, mißtönend und triumphal. Es war der großartige Eugen Auerbach (im Jahre 1940 in Paris geschnappt und vergast), Freund und Klavierbegleiter von Karl Kraus, der die Giehse-Nummer komponierte und sich so den Märtyrertod verdiente, der freilich dem Juden ohnedies zustand.

Bei allen Fährnissen und der ganzen Angespanntheit unserer Existenz waren wir glücklich, weil jung. Wahrhaftig glaubten wir an ›das Gute‹. ›Das Prinzip Hoffnung‹ – Sie entschuldigen schon, Ernst Bloch – stand uns sehr hoch. Unsere Anklagen, Warnungen und Aufrufe – nie erschöpften sie sich in der Negation. Sie appellierten an die Vernunft, den Anstand, die Menschlichkeit. So jung waren wir. Und so närrisch. Und eben deshalb mochte man uns. Andere Emigranten – der vortreffliche alte Rudolf Nelson etwa – schienen weiser als wir, boten braves Amüsier-Cabaret und ernteten Undank. Wir setzten alles auf die bedenklichste Karte (konnten gar nicht anders) und wurden damit zum einzigen international erfolgreichen theatralisch-politischen Unternehmen der deutschen Emigration. Wir waren neun oder zehn (die beiden Pianisten inbegriffen), genau aufeinander abgestimmt, wirksam und attraktiv jeder einzelne. Zeitweise gehörten auch Schweizer und Österreicher zum Ensemble. Streit gab es nie, Gage täglich, je nach Abendkasse. Eifersüchteleien und Intrigen, wie sie bei so stetem und engem Kontakt doch naheliegen, kamen nicht auf. Freilich, wir lebten gut, zu unserer Schande vielleicht. Doch waren damals unser noch nicht allzu viele über die Länder verstreut – nur Nazifeinde, nicht Naziopfer. Noch war das Flüchtlingselend nicht allgemein und wo wir es antrafen, da halfen wir. Auch uns selber, wenn wir müde waren und abgekämpft, wußten wir zu helfen. Ermunternd wirkten vor allem die ›Gaderobelieder‹, Privatgesänge vom Albernsten, das wir zu erfinden hatten, während wir draußen standen vorm Publikum. Ich bin in der beneidenswerten Lage, die gesammelten Werke der Giehse vorzulegen. Soweit erhalten, füge ich hastig hinzu; denn ein ganzer Vers ist unwiederbringlich verloren. Dies krasse Mißgeschick ging besonders meinem Vater sehr nahe. Doch T. M. schätzte das Gesamtwerk aufs höchste, und oft hat sie's ihm vorsingen müssen. Es lautet:

Ich bin die Sultanine Garza
Der Sultan war a ganz Schwarza.
Gar sehr, gar sehr mußten wir zittern,
Wir Bajaderen hinter Gittern.
— (hier fehlt der Vers)

*Anmerkung: Auch die Giehse erinnert sich nicht mehr:*
*»Er wird wohl überflüssig gewesen sein.«*

Zurechtgewiesen vom Eunuchen,
Mußt' ich mir neue Stellung suchen.
So kam ich früh zum Cabaret –
Statt Lieblingsfrau in Ninive.

Begreift man nun T. M.s Enthusiasmus? Allein die Kühnheit der Konstruktion am Schluß mußte es dem Sprachschöpfer ja antun. Doch war jede Zeile ihm teuer, und den Verlust jenes Verses hat er nie ganz verschmerzt. Überhaupt liebte er die Giehse und hat Graustränen über sie gelacht. Unser Sketch ›Die Prophetin‹ hätte uns leicht zum Verhängnis werden können. Denn wiewohl traulich als Hausmeisterin verkleidet, wandelte in dieser Nummer die Theres sich zum Leibhaftigen – pardon, zum leibhaftigen Hitler. Mit dem Telefon ihrer Herrin wurde die geistig Minderbemittelte nicht fertig. Das undeutsche Ding war ihr zu kompliziert – eine ganz zersetzende Einrichtung. ›Frau Motzknödel‹ richtete nichts als Verwirrung damit an. Milde getadelt, entwickelte sie schwerste Komplexe. An allem, was ihr schlecht und fluchwürdig schien auf Erden, und was es ergo auszurotten galt, trugen allein das Telefon und dessen ruchlose Nutznießer die Schuld. Davon mußte sie überzeugen: die Herrin, die Mitangestellten, die Nachbarn, die Stadt, das Land, die Welt. Ihr haßlodernder Fanatismus, gepaart mit der bekannten Schläue, hatte die bekannte Ansteckungskraft. Die Paranoia griff um sich. Im ›Drahtlosen Haus‹ hielt die ›Prophetin‹ ihre große Radioansprache ans Volk. Schaum vorm Mund, blind der irre Blick, rätselhaft ordinär plötzlich die Nase, tobte, brüllte, bellte sie, ward plötzlich leise, doch desto fürchterlicher. Denn nun gefiel sie sich in einem Hohn, dessen Niedrigkeit nur ermißt, wer ihn originaliter kannte. Will man mir glauben, daß es unheimlich war? Radio Hilversum hat die Rede aufgenommen, und, wo irgend möglich, wirkte sie rein akustisch noch abenteuerlicher. Das ›war‹ er, der schrecklichste der Schrecken, ›war‹ dieser Unglücksmensch in seinem Wahn ...
Überm Ozean vermochte – nach 1034 Vorstellungen ›daheim‹ – die ›Mühle‹ sich nicht durchzusetzen. Dieser H. war eine innerdeutsche Affäre, reichlich ekelhaft, gewiß. So what?«

*Therese Giehse beim Vortrag des Liedes »Der Wille«, aus dem Programm der »Pfeffermühle«, 1933 bis 1937*

*Therese Giehse*
*im Kabarett »Die Pfeffermühle«*
*beim Vortrag des Textes »Die Hexe«,*
*1933/34*

*Der englische Schriftsteller John Frederick Norman Hampson-Simpson, mit dem Therese Giehse von 1936 bis zu seinem Tode im Jahre 1955 verheiratet war*

Da waren Therese Giehse und Erika Mann aber schon Untertaninnen Seiner Britischen Majestät. Die Giehse heiratete am 20. Mai 1936 im Standesamt von Solihull, Country of Warwick, den englischen Schriftsteller John Frederick Norman Hampson-Simpson. Sein kostbarstes Hochzeitsgeschenk: der englische Paß. Was ein Paß für deutsche Emigranten bedeutete, ist heute nicht mehr vorstellbar. Mit gültigem Paß waren sie schutzlos genug, ohne ihn aber völlig vogelfrei. Seit Sommer 1933 wurde allen Emigranten die deutsche Staatsbürgerschaft entzogen, die »durch ein Verhalten, das gegen die Pflicht zur Treue gegen Reich und Volk verstößt, die deutschen Belange geschädigt haben«.

Zuerst hatten die Betroffenen über ihre Ausbürgerung gelacht, bis der Paß zum Alptraum wurde. Das Papier galt alles. Ein Mensch ohne gültigen Paß war nichts. Dem widersprach mit ironischer Bitterkeit Bert Brecht: »Und doch könnt man behaupten, daß der Mensch in gewisser Hinsicht für den Paß notwendig ist. Der Paß ist die Hauptsach, Hut ab vor ihm, aber ohne dazugehörigen Menschen wär er nicht möglich oder mindestens nicht ganz voll.«

Weder für John Hampson noch für Therese Giehse gab es je einen Grund, sich scheiden zu lassen. Erst der Tod von John Hampson im Jahre 1955 beendete ihre Verbindung, die – obwohl keine Lebensgemeinschaft – eine Lebensfreundschaft war. Nach dem Kriege hatte die Giehse ihre Ferien fast immer in England bei dem »ritterlichen Freund« verbracht. Er war der englische Gentleman, wie er im Buche steht, einer von der echten, altmodischen Sorte: zurückhaltend, nobel, hochanständig, dem eigenen Spleen in Treue und Beharrlichkeit ergeben. So war er der Ansicht, daß Irre nicht ins Irrenhaus gehören. Heil- und Pflegeanstalten waren für ihn eine ständige Herausforderung. Nach seiner Meinung hatte jeder geistig gesunde Mensch die Verpflichtung, sich wenigstens um einen geistig kranken Menschen direkt zu kümmern. Seinen Spleen setzte er, einer weit verbreiteten englischen Eigenart entsprechend, vorbehaltlos in die Tat um. Er lebte mit einem Mann von über vierzig Jahren, der wie ein zweijähriges Kind war. Ein großer, starker, schwerer Mann mit dem Verstande und den Verhaltensweisen eines Zweijährigen. Er mußte gewaschen, an- und ausgezogen und ganz wie ein Kleinkind behandelt werden. Es war kein leichtes Leben mit diesem Baby in Riesengestalt. Insbesondere nicht für alle Beteiligten, die den Spleen seines Beschützers zwar respektierten, aber ihn nicht teilen konnten. »Man saß abends beieinander und wollt sich unterhalten. Hinterm Vorhang stand das Mannsbild und machte: huhuhuh – dann war das aus mit dem Gespräch. Dann jubelte er hinterm Vorhang vor, man ju-

belte zurück. Dann kam er und griff mit seiner schweren Pranke einem mitten ins Gesicht hinein und zerrte an der Nase rum. Fast bedrohlich wurde es, wenn er zärtlich sein und streicheln wollte, da hat er oft hart zugepatscht. Er hatte seine körperlichen Kräfte ja nicht in der Kontrolle. Seltsam waren seine Augen: das eine stumpf und unbeteiligt, das andere wissend angefüllt mit Traurigkeit. Er konnte stundenlang so deprimiert und verlassen im Garten stehen, daß er in seiner Einsamkeit für alle unerreichbar war.« Die Giehse hat er gern gemocht und mit viel Freude ihre Koffer hin und her getragen, wann immer sie ankam oder wieder abreiste. Lange blieb sie nie, denn es war ein unstetes Nomadenleben, das sie in jenen Tagen führen mußte, es brachte sie auch nach New York.

Die Fahrt der *Pfeffermühle* nach Amerika war »eine ganz verrückte Sache«, trotzdem fuhr die Giehse mit und lernte englisch fürs gelobte Land. So kolossal wie das Unverständnis der Amerikaner für das, was sie wollten, war die eigene Unwissenheit über das, was sie dort sollten. »Die Texte waren miserabel übersetzt, nichts war vorbereitet, nichts überlegt. Das ganze amerikanische Gastspiel eine völlig überflüssige Fahrt ins Blaue.« Am 5. 1. 1937 war Premiere in New York. Kaum vier Wochen später schiffte sich die Giehse »sehr traurig und verärgert« zurück nach Europa ein. Am 13. 2. war sie wieder in Zürich. Allein, denn die Pfeffermühlenzeit war vorüber. Bei der Ankunft im Hafen von Cherbourg lag ein Telegramm des Zürcher Schauspielhauses für sie. Man brauchte sie dort. »Das nennt man Anschluß« – eine Arbeit war getan, eine andere war jetzt zu tun.

# *Das Zürcher Schauspielhaus 1938–1945: Der Wille zur Wahrheit*

Lange Verschnaufpausen hat die Giehse, auch in den Zeiten größter Anspannung, nie gemacht. Egal, wie ihr zumute war, viel gearbeitet hat sie immer. Ihr machte ihre Arbeit Spaß, und sie kann sehr viel Spaß vertragen. Schon 1933 spielte sie, solange die *Pfeffermühle* in Zürich agierte, zwischendurch am Schauspielhaus in *Höchste Eisenbahn* von Friedrich Holländer und einigen anderen Stücken. Jetzt hatte sie jede Woche eine Premiere und lernte in der Pause einer Aufführung bereits den Text fürs nächste Stück.

Die Direktion – 1937 war noch der Kaufmann Ferdinand Rieser, Schwager Franz Werfels, der Intendant des Hauses – sah sich gezwungen, dem viel zu kleinen Kreis der Theaterbesucher unentwegt etwas Neues anzubieten. Das Schauspielhaus war ein Privattheater. Sein Besitzer Ferdinand Rieser wollte auch Kunst, vor allem aber Geschäfte machen. Für die Giehse hieß das wieder: viel Arbeit und geringer Lohn.

Als geschickter Geschäftsmann wußte Ferdinand Rieser sich der Notlage fast aller emigrierten Theaterleute, darunter so namhafter wie: Ernst Ginsberg, Wolfgang Langhoff, Erwin Kalser, Leonhard Steckel, Kurt Horwitz, Wolfgang Heinz, Leopold Lindtberg oder Teo Otto – zum eigenen Nutzen zu bedienen. Ihre Gagen waren, allein gemessen an der schon quantitativ gebotenen außerordentlichen Leistung, blamabel gering. Und das neue Ensemble verbesserte auch die Qualität der Aufführungen und des Spielplans entscheidend. Noch unter Ferdinand Rieser wurde der Grundstein für das gelegt, was später als »die große Zeit des Zürcher Schauspielhauses« Legende wurde. Die Schweizer sind heute stolz auf diesen einstigen Glanz und tun gern so, als hätten sie ihn ganz allein zustande gebracht. Wahr ist, daß die Emigranten – keineswegs gastlich empfangen im Lande – sich mehr als nur verdient gemacht haben ums Zürcher Schauspielhaus und um eine der Wahrheit und der

*Therese Giehse*
*als Herzogin von Marlborough in*
*»Das Glas Wasser« von A. E. Scribe,*
*Schauspielhaus Zürich, 1939,*
*Regie: Wolfgang Heinz*

*Therese Giehse als Lona Hessel in »Stützen der Gesellschaft« von Henrik Ibsen, Schauspielhaus Zürich, 1937*

Menschlichkeit verpflichtete Theaterkunst. Die Situation der emigrierten Theaterleute war alles andere als beneidenswert. Ausländische Schauspieler galten in der Schweiz als »Saisonarbeiter«. Alle neun Monate hätten die Schauspieler-Emigranten für ihre Aufenthaltserlaubnis »heim ins Reich« und neu einreisen müssen, wenn es Elisabeth Birsinger von der kantonalen Fremdenpolizei nicht gelungen wäre, dem makabren Spiel ein Ende zu machen. Ernst Ginsberg hat sie dankbar den »Zürcher Engel der Emigranten« genannt. Andere Ungereimtheiten hörten nie ganz auf. Wozu brauchte man die fremden Eindringlinge im Schweizer Schauspielhaus, wo es doch einheimische Schauspieler mehr als genug gab! Es war vor allem Heinrich Gretler, der sich in schönster Wilhelm-Tell-Standhaftigkeit schützend vor die Freunde stellte: »Zeigt mir die Schweizer Schauspieler, die gut wie diese sind! Sie wurden ja nicht aus Barmherzigkeit, sondern ihres Könnens wegen engagiert. Was wäre denn das Schauspielhaus ohne seine Emigranten?!« So ungefähr, und das alles im heimatlichen Dialekt. Geschenkt wurde den Schauspielern wie allen Emigranten nichts. Für Touristen mag die Schweiz ein gastliches Land sein, für die dorthin Geflohenen war sie es nicht. Das Geld wurde groß, die Humanität klein geschrieben.
Ohne die Ausnahmen von dieser Regel wäre die Situation der Emigranten oft hoffnungslos gewesen. Doch fanden sie immer wieder Gesinnungsfreunde und manche uneigennützige Hilfe. Zwei von vielen selbstlosen Helfern und zwei der unermüdlichsten: der Zürcher Verleger Emil Oprecht und seine Frau Emmie. Täglich waren sie am Bahnhof, um auszuforschen, welche Flüchtlinge neu ankamen und welche Hilfe für sie am dringlichsten nötig wäre. Es gab eben auch reiche Schweizer, die nichts von der politischen Lage, aber viel vom Helfen verstanden. Nur dank der großzügigen Unterstützung einer reichen Dame der Schweizer Gesellschaft konnte die Giehse ihre Schwester Irma im Juli 1939 zu sich nach Zürich holen. Frau Reiff, Tochter eines Schweizer Unternehmers, stellte ihr bedingungs- und zinslos die 10000 Franken zur Verfügung, eine Art Kaution, die für Irma an die Zürcher Behörden gezahlt werden mußte. »Sie half, ohne viel zu fragen. Sicher, sie hatte das Geld. Aber andere hatten es auch und gaben keinen Franken her. Sie war wirklich sehr nobel. Woher hätte ich denn 10000 Franken nehmen sollen! Wir verdienten wenig. Geld hatten wir alle nicht.« Irma kam nicht allein. Mit ihr emigrierte Daisy, war sie doch ein englischer, kein deutscher Rassehund. Irma reiste, wie alle Emigranten, mit nur wenig Handgepäck. Darin brachte sie das Unsinnige und Überflüssige über die Grenze mit und nichts von dem, was wert und wichtig war. Das

*Therese Giehse als Fräulein Blumenblatt in »Einen Jux will er sich machen« von Nestroy, Schauspielhaus Zürich, 1941, Regie: Leopold Lindtberg*

schnelle Packen und hastige Abreisen war sie nicht gewöhnt, sie hatte bis dahin immer seßhaft gelebt. So ging von den wenigen Notizen der Giehse vieles noch verloren. Danach hat sie nie wieder Lust gehabt, sich irgend etwas aufzuschreiben.

1938 entschloß sich Ferdinand Rieser zum Verkauf des Schauspielhauses. Ihn zog es nach Amerika. Seinen üppigen Essen und großen Gelagen trauerten viele noch lange nach. »Die Kommunisten fressen mir alle aus der Hand« – Rieser konnte das mit Fug und Recht behaupten. »Die Roten vom Schauspielhaus« fraßen ihm nicht nur aus der Hand, sie machten sich mit Kennerfreuden über das jeweils Aufgetischte her. Sie hielten alle viel von leiblichen Genüssen. Sie ließen gesangesfrohe Zahnärzte und Eigenkompositionen wie *Harfenklänge* oder *Der Frühling ist in mir* der kunstbeflissenen Zürcher Gesellschaft über sich ergehen, wenn's dabei nur was zu essen gab. Nach großen Premieren war es üblich, daß reiche Kunstmäzene Feste feiern ließen. Dabei durften die Theaterleute dann nicht fehlen. Sie kamen gern, denn sie freuten sich aufs Essen. Die Giehse erinnert solche Abende »schwankend zwischen Dankbarkeit und Grauen. Einer sang, mein Nachbar sprach: ›Der hat ja Knödelchens im Hals!‹ Je lauter der Sänger, desto hartnäckiger bestand mein Nachbar auf den ›Knödelchens‹ in dessen Hals. Wir brachen vor unterdrücktem Lachen schon fast auseinander, da bat die Dame des Hauses den Sänger um mehr. Der packte ganze Notenberge aus und forderte die anwesende Pianistin auf, ihn am Flügel zu begleiten. Was diese dann auch sehr begeistert tat. Wir hatten fälschlicherweise das Vorspiel für den Hauptvortrag gehalten und waren bereits am Ende unserer Fassung, als der ›Künstler‹ erst begann. Das war wirklich große Kunst, daß wir diese Abende alle ausgehalten haben.«

Bei Rieser wurde mit Geschäftssinn mehr Kasse als Kunst, bei Oskar Wälterlin mit Engagement und Sachverstand mit Kunst auch Kasse gemacht. Nach Gründung der Neuen Schaupiel AG am 27. Juli 1938, wurde der gebürtige Basler Oskar Wälterlin zum künstlerischen Direktor ans Schauspielhaus berufen. Er blieb es bis zu seinem Tod im Jahre 1961. Wälterlin war ein Theatermann, mit dem es sich gut arbeiten ließ. Zwar wurden nach Kriegsausbruch am 1. 9. 1939 und der vorsorglichen Mobilmachung in der Schweiz allen Emigranten die Verträge sofort aufgekündigt, sie durften aber trotzdem bleiben. Die ohnehin bescheidenen Gagen wurden auf ein Existenzminimum reduziert. Man einigte sich auf eine Einheitsgage für alle Schauspieler: 380 Franken für die Verheirateten, 250 Franken für die Ledigen. Einige Wochen später wurden die Gagen, denn die Einnahmen waren besser als gedacht, auf 400 bzw. 300 Franken erhöht. Wichtiger

*Therese Giehse als Mrs. Parrilow in »Der Morgenstern« von Emlyn Williams, Schauspielhaus Zürich, 1942, Regie: Wolfgang Heinz*

als der Kampf um bessere Arbeitsbedingungen und das eigene Wohl war in den nächsten Jahren jedoch der Kampf für menschlichere Lebensbedingungen. Aus der Not der Welt ringsum wurde am Schauspielhaus eine Zürcher Tugend gemacht: Hier kamen die Gejagten, die zum Schweigen Verurteilten unüberhörbar zu Worte. Hier wurde den Tyrannen widersprochen, das Verbotene laut gesagt, das Unerlaubte frei getan. Die am Hause Beschäftigten waren über ein Theaterensemble hinaus eine verschworene Gemeinschaft, besonders die emigrierten Schauspieler als unermüdliche Widerstandskämpfer. Sie hatten ja nichts zu verlieren und alles zu gewinnen. »Die miliärischen Siege der unmoralischen Faschisten müssen entwertet werden: durch die Moral der Kunst.« Dieses Wort des Dramatikers Georg Kaiser war für die Zürcher Theaterleute Programm. Nach der Premiere von *Faust II* im Mai 1940, als die Schweizer erneut zur Verteidigung ihrer Grenzen geeilt waren, weil die Generalmobilmachung wieder nötig schien, saßen die emigrierten

Schauspieler mit gepackten Rucksäcken in ihren Garderoben. Über eine Woche lang spielten sie, bereit zur Flucht, mit dem geschnürten Bündel im Hintergrund. Wohin sie, wenn die Deutschen kämen, fliehen sollten, wußte keiner. Routen wurden festgelegt und wieder verworfen. Täglich wurde Abschied genommen und täglich blieb man doch beieinander. Den Schauspielern war erneut gekündigt, die Verträge waren außer Kraft gesetzt und alle Bühnenarbeiter außer Haus. An diesen Ausnahme-Normal-Zustand längst gewöhnt, ließ sich deshalb keiner aus der Ruhe bringen. Auch nicht durch die vielen Tücken sonst im Haus. Da das Geld fehlte, fehlte es an allem. Besonders die Kleiderfrage wurde nie geklärt: »Erst kam eine Staubwolke, dann das brüchige Samtkleid aus dem Fundus von 1922 – oben dunkelblau, unten grau. Ein dekoratives Theater machten wir sicher nicht.« So gut, wie die Legende berichtet, »können die einzelnen Aufführungen gar nicht immer gewesen sein, denn länger als zwei, höchstens drei Wochen Probezeit hatte man nie«. Weder für ein schnelles Lustspiel und den Kassenfüller noch für *Die Orestie* oder die *Courage.* Am 19. 4. 1941 zog die Giehse den Karren der Marketenderin *Mutter Courage* zum erstenmal über eine Bühne. Über alle Grenzen hinweg hatte sich Bertolt Brecht mit einem neuen Stück zu Worte gemeldet. Erika Manns frühzeitige Prophezeiung – wir werden die Giehse an Brecht verlieren – erfüllte sich: die Giehse hatte ihren Dichter und ihre Rolle gefunden. Die erste Begegnung mit diesem Stück war nicht nur für sie ungewöhnlich eindrucksvoll: »Wir haben alle gleich gewußt: das müssen wir machen.« Leopold Lindtberg war der Regisseur dieser wichtigsten Uraufführung am Schauspielhaus während des Krieges. Die Bühnenbilder von Teo Otto übernahm Brecht später in seine Berliner Modellaufführung. Das war mehr als nur eine anerkennende Verbeugung vor den Zürichern. In den Kritiken der Uraufführung wurde die *Courage*: »eine Bühnengestalt von wahrhaft shakespearischer Größe« genannt. Auch wurde viel von ihrer »herzergreifenden Mütterlichkeit«, von »dem tapferen Herzen der tapferen Frau« und »der Mutter an sich« gesprochen. Vor so viel triefender Menschlichkeit erschrak der Stückeschreiber. Brecht änderte den Text nach der Uraufführung, verdeutlichte die Haltung der *Courage.* Die Giehse über den ursprünglichen Text: »In manchen Szenen ging's ja zu wie bei Ganghofer. Beispielweise in der Hemdenszene. Sie soll für die Verwundeten ihre schönen Hemden zerreißen, einen Teil ihres Handels also zerstören. Sie wehrt sich und will nicht. Und dann tut sie sich besinnen: hier bitte, nehmt's schon hin! Da siegt dann doch das Mütterliche. Brecht hat das hernach korrigiert.«

*Therese Giehse als Amy in »Die Familienfeier« von T. S. Eliot, Schauspielhaus Zürich, 1945, Regie: Oskar Wälterlin*

*Therese Giehse und Walter Richter in »Die Ratten« von Gerhart Hauptmann, Schauspielhaus Zürich, 1953, Regie: Ernst Ginsberg*

Stücke von Brecht wurden noch mehrmals in Zürich uraufgeführt, seinen *Puntila* inszenierte er 1948 – aus amerikanischem Exil zurück – dann selbst am Schauspielhaus. Noch aber wurde inmitten des Krieges alles in Deutschland und Österreich von den Bühnen Verbannte in Zürich gespielt und ein großes Welttheater gemacht. Man spielte die Russen und die Amerikaner, die Klassiker und die neuen Heimatdichter, die Tragödien und Komödien. Man spielte alles und in einem Sinn, für die Freiheit des Wortes, der Kunst und des Lebens. Man spielte mit Engagement und mit Spaß. Der Saisonerfolg und Kassenfüller der ersten Kriegsspielzeit 1939/40 war Nestroys *Lumpazivagabundus*, die Silvesterpremiere. Hier brach selbst der gestrenge Kritiker Bernhard Diebold in trunkene Glückseligkeit aus: »Weil jeder Zürcher, der etwas vom Lumpazivagabundus in seinem Unterbewußtsein zu verstecken hat, zu dieser Schau wallfahren wird. Hoffentlich sind's alle 317000 Seelen.« Die Giehse als Signora Palpiti zu würdigen, lehnte er entwaffnet ab: »Die Giehse singt, was sich nicht sagen ließe.« Sie mußte auf der Bühne so vielen frivolen Weibsbildern Gestalt und Stimme geben, daß Maria Becker, als sie ans Schauspielhaus nach Zürich kam, zuallererst ungläubig staunend fragen ging: »Entschuldigung, spielt Frau Giehse eigentlich nur Puffmütter?«

Eine lustige Frage mit einem richtigen Kern. Das Rollenfach der Giehse: die Mutter. Wie keine zweite Schauspielerin hat sie die Gestalt der Mutter von aller pathetischen Verlogenheit befreit, hat radikal mit allen Mutti-Schnulzen gebrochen. Um ihre Mütter ist kein Heiligenschein und keine häusliche Idylle. Ihre Muttergestalten sind weder der »Mutter Gottes« noch der »Mutter Erde«, sie sind allein dem lebendigen Menschen ähnlich. Auch dann, wenn diese Mütter – wie in Lorcas *Bluthochzeit* – steinern und unbeugsam oder wie *Wassa Schelesnowa* hart und verbrecherisch sind. Von dem Spanier Federico Garcia Lorca, 1936 während des spanischen Bürgerkrieges von den Faschisten ermordet, wurde 1944 das Stück *Bluthochzeit* in Zürich in deutscher Sprache erstaufgeführt. Thomas Mann und Hermann Hesse hatten das lyrische Meisterwerk Lorcas in einer Nachdichtung von Enrique Beck kennengelernt. Der eine hat bezaubert von der »Wildheit und Zartheit«, der andere ergriffen von der »Reinheit und Kraft der Bilder, der magischen Verbindung von individuellem Künstlergeist und alter Volksüberlieferung« gesprochen. Die Giehse rührte in der Rolle der kalt-leidenschaftlichen Mutter nach Kritikerbericht »das Publikum an diesem, ihrem großen Abend, in tiefstem Ernst zu Tränen«. Der größte Publikumserfolg zwischen 1939 und 1945: das Zeitstück »Der Mond ging unter« von

*Therese Giehse*
*als Mursawjetzkaja in »Wölfe und Schafe« von Ostrowskij,*
*Schauspielhaus Zürich, 1951,*
*Regie: Leonard Steckel*

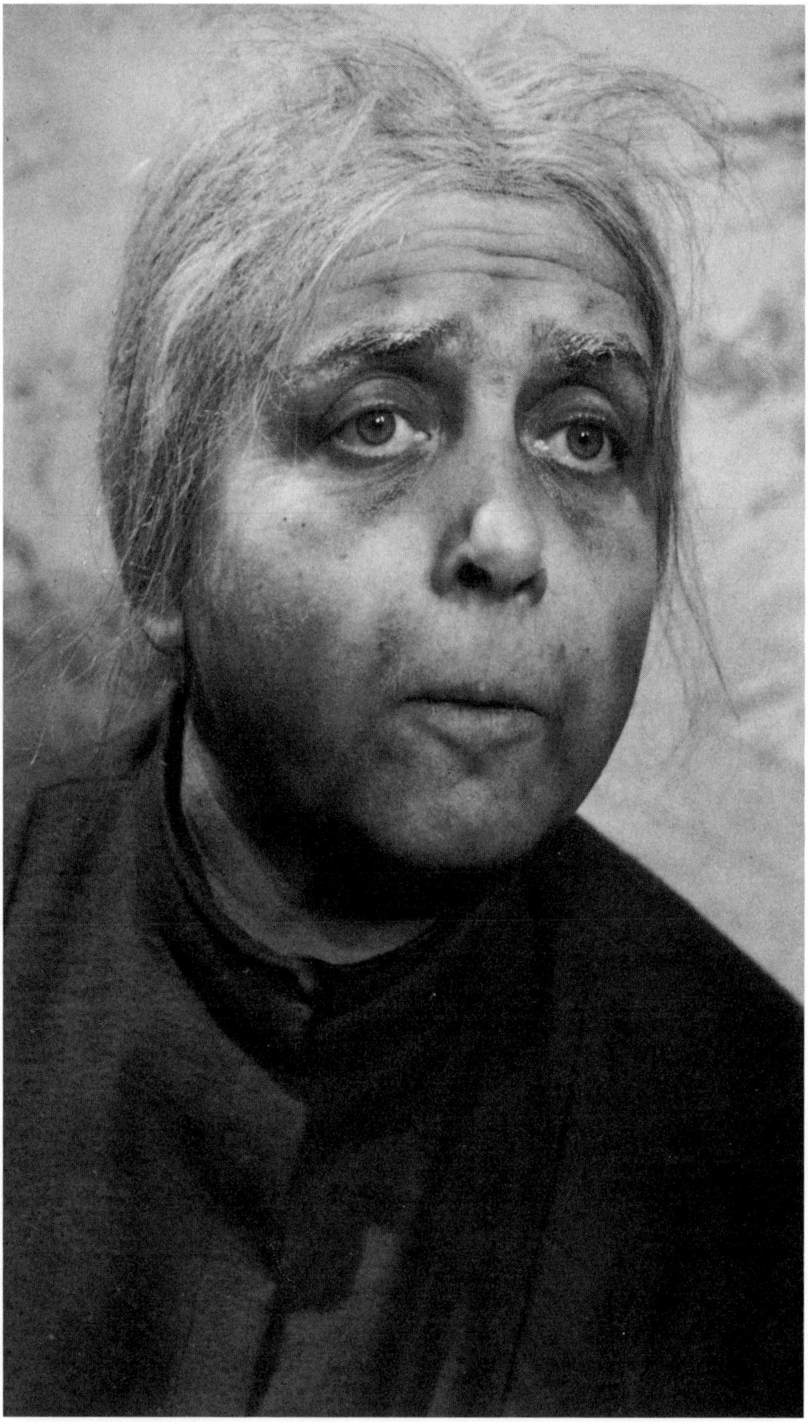

*Therese Giehse als die Magd Poncia in »Bernada Albas Haus« von Federico Garcia Lorca, Schauspielhaus Zürich, 1948, Regie: Ernst Ginsberg*

*Therese Giehse als Mutter in der deutschsprachigen Erstaufführung von Federico Garcia Lorcas »Bluthochzeit«, Schauspielhaus Zürich, 1944, Regie: Leonard Steckel*

John Steinbeck. Der »Hit« der Saison, aller Kriegsspielzeiten und einer der sensationellsten Erfolge im Schweizer Berufstheater überhaupt. Über 70 Vorstellungen und ein »im Herzen tief getroffenes« Publikum. Ein mäßiges Stück, aber ein Thema für die Schweizer. Ein kleines, überrumpeltes Volk im Kampfe gegen eine fremde Besatzungsmacht. Das Volk – äußerlich besiegt – bleibt unbesiegbar, ein ganzes Volk ein einziger Partisan. Die Giehse, sie spielte die Köchin des Bürgermeisters, erinnert Stück und Aufführung kaum: »Das hat mir keinen großen Eindruck gemacht. Da zeigte sich, wie etwas wichtig werden kann, was überhaupt nicht wichtig ist. Die Siege und Niederlagen im Theater haben mit Theater oft gar nichts zu tun.«
Am 1. 9. 1944 wurden alle Theaterhäuser in Deutschland und Österreich, längst gleichgeschaltet und im Sinne einer freien Theaterkunst lange »außer Betrieb«, endgültig geschlossen. Der totale Kriegseinsatz, das Ende des Endes, hatte begonnen. Die Schweizer Bühnen wurden dadurch zu den einzigen deutschsprachigen Theatern in Europa. Die wichtigste Bühne: das Zürcher Schauspielhaus. Auch in der ersten Nachkriegszeit blieb es noch das führende Theater im deutschsprachigen Raum, das wichtigste europäische Theater. Jetzt kamen die »Würschtel-Emigranten« ins Land und ans Haus. Schauspieler, die nicht aus politischen Gründen, sondern um des höheren Lebensstandards willen in die Schweiz »emigrierten«. Die Ausnahmesituation ging zu Ende, der Theateralltag begann.
Im Januar 1945, wenige Monate vor Kriegsende, starb Irma, die Schwester der Giehse, für sie Freundin, Schwester und Familie in einer Person. Inzwischen hat sie noch oft endgültig Abschied nehmen müssen, schmerzlich wie dieser war keiner für sie. In jenen Tagen stand sie vor der Kamera. Der Schweizer Flüchtlingsfilm *Die letzte Chance* wurde Ende Februar 1945 abgedreht, bis heute einer von den wenigen Schweizer Filmen, die wirkliche Beachtung fanden: »One film is the talk of London, New York and Paris: This great film: ›The Last Chance‹, made by idealists, punches into your heart the message of tomorrow's world. The love of man for his fellowman, regardless of nationalitiy . . .« (*Sunday Pictorial*, 27. Januar 1946).
Dieser Film machte die Giehse weit über die deutschsprachigen Grenzen hinaus bekannt. Sie wurde dadurch für den internationalen Film interessant. Bis dahin hatte sie, bis auf die Schweizer Produktion »Menschen, die vorüberziehen« nie gefilmt. Jetzt drehte sie nacheinander zwei Filme im Ausland, in den Theaterferien, denn nach wie vor war sie fest engagiertes Ensemblemitglied am Zürcher Schauspielhaus.

*Therese Giehse*
*als die Köchin des Bürgermeisters*
*in »Der Mond ging unter«*
*von John Steinbeck,*
*Schauspielhaus Zürich, 1943,*
*Regie: Leonard Steckel*

## *Übergangszeit*

Die Giehse liebt das Kino, nicht die Studios. Sie ist eine unersättliche Zuschauerin, aber ungern selber bei Dreharbeiten dabei. Ihr ist »die Filmerei zu unernst, das Filmgeschäft zu mörderisch«. Aber Filme wie: *Kinder, Mütter und ein General, Mädchen in Uniform* und *Sturm im Wasserglas* haben sie trotzdem bei Millionen bekannt gemacht. Zwei Erfahrungen auf diesem Gebiet aus dem Jahre 1947 sind ihr bis heute gegenwärtig. Beides waren englische Produktionen: »Mark of Cain« und »Anna Karenina«, einmal wurde in Südfrankreich, das andere Mal in England gedreht. In *Mark of Cain* spielte die Giehse eine Nonne. »Der Regisseur war ein Ire. Er entsprach der Klischee-Vorstellung genau, wirkte wie aus dem Bilderbuch entsprungen: ständig trunken vor Begeisterung und voll von Wein, große Worte, schöne Gesten und viele brillante Phantastereien. Jeder, der ihn hörte, mußte überzeugt davon sein: der Film wird eine große Sache. Ein epochemachendes Werk, ein Meilenstein in der Filmgeschichte. Es wurde nicht einmal ein Filmchen. Die Seifenblase zerplatzte in nichts. Aber die Dreharbeiten waren sehr vergnüglich. Wir tranken bereits am Vormittag Sekt, dazu den herrlichen Wein aus der Gegend rundum das Kloster St. Emilion. Ich wurde als Nonne in der Kutsche durch das Land gefahren, mit nichts weiter beschäftigt, als fürstlich zum Volke auf der Straße hinzunicken. Die Leute hielten mich für eine tatsächlich geistliche Person, sie kamen, mir die Hände in Ehrerbietung zu küssen. Das Ganze hatte sehr irische Ausmaße – ein windiges Luftschloß die ganze Filmerei.«
Bei den Dreharbeiten zu *Anna Karenina* ging es weniger verspielt, statt dessen realistisch zu. Der Regisseur Julien Duvivier war der Giehse als Mann und Regisseur gleich unerträglich:
»Ein sehr unangenehmer Mensch, der seinen Mitarbeitern die Arbeit oft zur Qual machte. Vivien Leigh hatte besonders unter ihm zu leiden. Er konnte sie nicht ausstehen. Mich auch nicht, aber das störte

mich nicht. Vivien Leigh aber war in einer wirklich scheußlichen Situation. Die Erinnerung an die Garbo in dieser Rolle war noch sehr stark. Fast täglich bekam die Leigh mäkelnde englische Presseberichte auf den Tisch, worin zu lesen stand: Eine Garbo ist sie nicht. Die Leigh war eine sehr schöne Frau – wirkliche Schönheit ist im Film ja gar nicht einzufangen – doch die Schönheit war schon im Verblühen, ihr Stern im Sinken. Es war wie an der Börse: die Kurse fielen. Die Leigh, sehr intelligent und feinfühlig, wußte das. Und konnte nichts dagegen tun. Das Filmgeschäft ist gnadenlos wie andere Wirtschaftsunternehmen auch. Das alles hatte viel Tragik. Der Film wurde ein Mißerfolg, nicht nur für die Leigh, auch für Duvivier. Ein wirklich unausstehlicher Mensch. Mir selbst ging's bei den Dreharbeiten unverdient gut. Mir brachte Duviviers fortwährende Herumnörgelei sogar was ein. Ich spielte die Kinderfrau, blieb aber lange ohne Kind, denn dem Duvivier war kein Kind recht. Es wurden tagelang Kinder ausprobiert: geschminkt, gekleidet, hingelegt – ich saß gemütlich dabei. Mir gefielen die Kinder schon, eins nach dem anderen, so wie sie ausgesucht und angebracht wurden – dem Duvivier aber paßte keins. Da ich eine Tagesgage bekam, verdiente ich überraschend viel. Im Film stimmte nichts. Der Karenin ist ein kleiner russischer Beamter – im Film lebte er in einer Prunkvilla und in Verschwendung. Es wurde viel Aufwand getrieben, beispielsweise künstlicher Schnee hergestellt. Den mochten die Pferde nicht. Eines der Tiere mußte immer niesen. Kaum fiel die Klappe, Achtung Aufnahme – patsch! Ein großer Pferdeschnaufer. Die Aufnahme mußte oft wiederholt werden. Ich habe sehr gelacht, darüber waren die Filmleute alle entsetzt. Jede Wiederholung kostete ja. Kostete viel. Für unsere Verhältnisse sind das so unglaubliche Summen, daß man gar nicht darüber nachdenken darf, wieviel ein einziger Drehtag kostet. Das wußte ich natürlich auch. Trotzdem fand ich das Ganze komisch und zum Lachen. Die Filmleute sind ja überhaupt sehr komisch, nur wissen sie das nicht. Sie nehmen sich entsetzlich ernst. Sind immer auf dem Sprung, um die große Filmkarriere vielleicht doch noch zu machen. Jede Statistin hofft darauf. Das macht die Leute verkniffen und verlogen, den Umgang mit ihnen auf keinen Fall erstrebenswert. Die meisten Filmproduktionen sind ein einziges Sammelsurium von Mißgunst, Eitelkeiten, Heuchelei und Korruption.«

An der vielbewunderten Welt des schönen Scheins gefällt der Giehse nichts, zuallerletzt der Schein.

Nach Beendigung der Dreharbeiten kehrte sie »nicht ungern« ans Schauspielhaus zurück.

*Therese Giehse als »Die Irre von Chaillot« von Jean Giraudoux in der deutschsprachigen Erstaufführung, Schauspielhaus Zürich, 1964, Regie: Leonard Steckel*

Im Mai 1947 kam die Mann-Familie, sechs Monate danach Bert Brecht aus dem amerikanischen Exil zurück nach Zürich. Keine jubelnde Wiedersehensfreude, viel ruhiges Wiedersehensglück.

Noch in der Zeit vor der beginnenden Zusammenarbeit mit Brecht spielt die Giehse in zwei deutschsprachigen Erstaufführungen von besonderer Bedeutung: in Giraudoux' *Die Irre von Chaillot* am 13. 6. 1946 und in Maxim Gorkis *Wassa Schelesnowa* am 11. 12. 1947. Für beide Rollen gab es im deutschsprachigen Raum weder Vorlage noch Vorbild. *Die Irre von Chaillot* war Jean Giraudoux' Vermächtnis, sein letztes großes Stück. Nach *Sodom und Gomorrha* hatte man von Giraudoux nichts Neues mehr erwartet, es schien die letzte Arbeit des nach Cusset vertriebenen Dichters, dessen Stücke im besetzten Paris nicht gespielt werden durften. Wenige Monate nach der Pariser Uraufführung vom 19. 12. 1945 – fast zwei Jahre nach Giraudoux' Tod – spielte die Giehse dieses melancholische Märchen von der guten alten Hexe und ihrem bravourösen Sieg über das Böse in ihrer Hinterhofwelt. Für sie blieb »manches dabei ungeklärt« – Publikum und Kritik hat sie trotzdem überzeugt: »Im Mittelpunkt stand Therese Giehses närrische alte Gräfin, ein gespenstischer Mittelpunkt bisweilen, menschlich bewegend und erschreckend zugleich, aufgetakeltes Monstrum und gebrochene Existenz. Sie war Hexe und gütige Fee in einem, eine groteske Kämpferin für das Gute und fanatische Bannerträgerin des Optismismus« (Neue Zürcher Nachrichten).

*Wassa Schelesnowa* dagegen war ganz die Rolle der Giehse, neben der *Courage* die ihr liebste bis heute.

Claude Maritz, der Regisseur der Zürcher Aufführung, machte seine erste Inszenierung – eine Hilfe für die Schauspieler war er nicht. Man anerkannte ihm als größtes Lob, daß er die Arbeit wenig störte.

Dieses Stück und diese Rolle, dazu ein Brief von Maxim Gorki mit Antworten auf Fragen der russischen *Wassa*-Darstellerin – das war fast mehr, als die Giehse brauchte, um die *Wassa Schelesnowa* zu einer durch sie gültig geprägten Bühnengestalt zu machen.

Brief Maxim Gorkis an die Schauspielerin Szerfima Hermannowna Birman, 1936:

Es freut mich sehr, daß Sie, Szerfima Hermannowna, die Wassa spielen werden. – Ich beantworte Ihre Fragen in der Reihenfolge, in der Sie sie gestellt haben.

Charakteristik der Anna Onoschenkowa:

Kaufmannswitwen und herrische Ehefrauen, die ihre willensschwachen, dem Trunk ergebenen, verlotterten Männer ›unter dem Pantoffel‹ hielten und die Geschäfte selbständig führten – Damen dieser

*Leonard Steckel und Therese Giehse in der deutschsprachigen Erstaufführung von Maxim Gorkis »Wassa Schelesnowa«, Schauspielhaus Zürich, 1947*

*Folgende Seiten:*
*Therese Giehse*
*als »Wassa Schelesnowa«*
*Berliner Ensemble, 1949*
*und Kammerspiele München, 1961*

Art hatten Vertraute, manchmal fast Freundinnen, Frauen ›für besondere Aufträge‹ (oftmals sogar höchst intimer Art, vergleichbar denen, die die Perekussichina bei Katharina II. auszuführen hatte). Gewöhnlich waren dies arme entfernte Verwandte, die durch irgendein Vergehen kompromittiert waren, z.B. Geburt und Tötung eines unehelichen Kindes, Giftmord am Ehemann, mißlungener Diebstahl oder ähnliches. Zu solchen Vertrauten wurden auch Stubenmädchen, die man eines der ebenerwähnten Vergehen überführt hatte. Die kluge Hausherrin, die einen ihr ergebenen Menschen brauchte, lieferte die Sünderin nicht der Polizei oder dem Gericht aus, jagte sie nicht aus dem Haus, sondern fesselte sie durch die ständige Furcht vor einer Anzeige an sich. Und wenn die Sünderin dann eine Zeitlang ›aus Angst‹ gearbeitet und sich an ihr Sklavinnendasein gewöhnt hatte, begann sie bereits, ›aus Ehrgefühl‹ für ihre Herrin tätig zu sein. Dieser Typ ist gar nicht so selten – es sind rechtlose, ungebildete, ihrer Menschenwürde nicht bewußte Frauen. Zu ihnen gehört Anna. Sie ist Wassas Sekretärin, ihre Zuträgerin, ihr Hausspion. Sie ist ein Mensch, der im Lauf der Zeit gemein geworden ist, verhärtet, habgierig und – natürlich – von der Sehnsucht nach irgendeiner Art von Freiheit erfüllt, nach einem ruhigen Leben in einem geborgenen Winkel, ohne Furcht vor den Menschen, die sie haßt, in deren Gegenwart sie aber stets ein Lächeln zur Schau trägt. Wenn sie mit sich allein ist, sind ihre Züge trocken, böse, mürrisch. Bei mir steht nichts davon, daß Sanfter ›eingeladen‹ war. Er war ›geschäftlich‹, als Verwalter zu Wassa gekommen und hatte sich eine Weile bei den Mädchen aufgehalten. Aber er kann natürlich auch mal ›eingeladen‹ gewesen sein, kann den Mädchen etwas vorgetragen oder erzählt, kann gedacht haben: ob ich nicht eine von ihnen heirate?

Wassa erkundigt sich nach Sanfters Weggang bei Anna, wie sie diese nach allem auszufragen pflegt, was sich während ihrer, Wassas, Abwesenheit im Hause ereignet hat.

Melnikoff lebt im Hause Wassas. Er kann ja telefonisch mit der Staatsanwaltschaft verhandelt haben. Hier sehe ich kein Problem.

Ssergej wollte Wassa nicht nachgeben, noch weniger aber wollte er es zu einer Gerichtsverhandlung kommen lassen, bei der Wassa ihn mit Schimpf und Schande zu bedecken und ihn ins Zuchthaus zu bringen drohte. Ins Gefängnis hätte sie ihn aber auf jeden Fall gebracht.

Ludmilla ist schwachsinnig. So erklärt sich auch die Eile, mit der sie den Lorbeerbaum herbeischleppt. Dieser Tod bedeutet für sie nicht mehr als ein kindliches Spiel. Vergessen Sie nicht, mit Ssergej hat *keiner* Mitleid. Wenn es erforderlich sein sollte, diese Tatsache noch

zu unterstreichen, lassen Sie Anna zu Pitjorkin sagen: ›Nicht einmal geseufzt haben sie! Nicht einmal der Tod macht auf sie Eindruck. Nur Ludmilla regt sich auf – na ja, aber für sie ist das ja auch nicht anders, als wenn man mit Puppen spielt.‹
Daß Wassa den Stuhl mit dem Fuß wegstößt, liegt natürlich daran, daß sie Nerven hat und diese gereizt sind.
Anna will im 3. Akt deshalb nicht zur Gendarmerie gehen, weil sie Furcht vor Gendarmen hat.
Die Tassen in Annas Hand brauchen nicht zu zittern, wenn Sie das stört. Aber Anna schreibt auf der Maschine und sie hat ein Zittern in den Fingern.
›Warum weiß sie sofort, daß Wassa tot ist?‹ – Nun, geben Sie ihr fünf Minuten Zeit dazu. Menschen, die ›plötzlich‹ am Herzschlag sterben, tun dies sehr gründlich und überzeugend, und man begreift sofort, daß es sich hier nicht um eine Ohnmacht, sondern um einen echten, ehrlichen und milden Tod handelt.
Ich habe nirgends davon gesprochen, daß Anna ›Nerven aus Stahl‹ hat. Sie sind abgestumpft.
Sie nimmt die Schlüssel zur Schatulle mit Geld und Papieren, deren Wert ihr natürlich bekannt ist, an sich.
Ihr Verhältnis zu Prochor: sie achtet ihn nicht, und was sie von ihm fürchtet, sind höchstens körperliche Belästigungen, Prochor weiß über ihre Stellung im Hause ausgezeichnet Bescheid.
Rachel ist ein klarer, felsenfest an ihr Recht glaubender Mensch. Bei ihren Unterhaltungen mit Wassa ist sie sich darüber klar, daß sie ihre ›Perlen‹ vor einen klugen Gegner ›wirft‹.
In der zweiten Mai-Hälfte werde ich in Moskau sein und stehe Ihnen dann – wenn Sie es wünschen sollten – zur Verfügung. Bis dahin gestatten Sie mir noch eine Bemerkung:
Nach der Art Ihrer Fragen scheint mir, daß Sie Kleinigkeiten eine übertriebene Bedeutung beimessen. Daraus erwächst Ihnen eine Gefahr: die Charaktere unter Umständen durch überflüssiges, schmückendes Beiwerk und Einzelheiten zu trüben.
Ich wünsche Ihnen alles Gute.

*M. Gorki*

In der Premiere der Zürcher *Wassa*-Aufführung saßen beieinander: Bert Brecht, Helene Weigel und Fritz Kortner – sie sagten der Giehse Dank nach Schluß für ihre meisterliche Leistung. In der Regie von Berthold Viertel spielte die Giehse die »Wassa Schelesnowa« im Dezember 1949 als erste Gastspielrolle von vieren am Berliner Ensemble. Darüber äußerte sich der einstige Theaterkritiker Bert

Brecht mit der ihm eigenen Präzision: »Die Darstellung der Schelesnowa durch die Giehse ist dialektisch und aufschlußreich. Bei undialektischen, formalistischen Darstellungen wird nur das Äußerliche einer Figur abgebildet, und das Resultat ist etwas Formelhaftes, Unlebendiges. Der realistische Schauspieler verschafft dem Zuschauer durch seine Kunst einen tiefen Einblick in die menschliche Natur, wie der wissenschaftliche Forscher in sein Objekt.«

# *Arbeit mit Brecht*

Dabei wissen wir doch:
Auch der Haß gegen die Niedrigkeit
Verzerrt die Züge.
Auch der Zorn über das Unrecht
Macht die Stimme heiser. Ach, wir
Die wir den Boden bereiten wollten für Freundlichkeit
Konnten selber nicht freundlich sein.

Ihr aber, wenn es so weit sein wird
Daß der Mensch dem Menschen ein Helfer ist
Gedenkt unsrer
Mit Nachsicht.

Am 23. April 1948 las Bertolt Brecht in dem Zürcher Bücherkeller *Katakombe* – sein Gedicht: *An die Nachgeborenen.* Zwei Weltkriege, der perfektionierte Massenmord und die Trümmer einer zusammengeschossenen Welt –, aber Brechts revolutionärer Optimismus war nicht zu besiegen: es wird kommen die Zeit, da »der Mensch dem Menschen ein Helfer ist«. Ihm zur Seite bei der Lesung: seine Frau Helene Weigel und Therese Giehse. Die Begrüßungsrede – hier auszugsweise wiedergegeben – hielt Max Frisch: »Wer Brecht auch nur wenig kennt, spürt sofort, daß man diesen Mann nicht loben kann, ohne sich lächerlich zu machen. Sein Werk erwartet mehr von uns: mehr als Verehrung. Es gehört zu den Werken, die unseren Blick nicht auf den Verfasser richten, sondern auf die Sache, die er vorträgt. Man kann Brecht gegenüber nur zweierlei: Man kann seine Aussage bestreiten, dazu haben wir das Recht, oder wenn man sie nicht bestreitet, muß man sie verwirklichen. Sie läßt uns nicht im bloßen Gefallen verharren. Es ist keine Schrulle der Bescheidenheit, sondern ein wesentliches Kennzeichen dieses äußerst unangenehmen

Dichters, daß er uns nicht einmal die Ausflucht in die Verehrung gönnt. Auch das wäre eine Art von Genuß, und was Brecht mit seinem Werk will, Sie wissen es, ist nicht Genuß, sondern eine Veränderung. Eine Veränderung aus der Erkenntnis, die mitzuteilen die Aufgabe seiner Kunst ist. Es gibt Dichter genug, und vor allem in deutscher Sprache, die uns in die genußreiche Stimmung der Tiefe versetzen, ihre Tiefe besteht meistens darin, daß sie in unserem Trüben fischen. Brecht erstrebt das genaue Gegenteil. Sein Streben, wie er selber in den Anmerkungen zum epischen Theater sagt, geht nicht nach einem Erlebnis, sondern nach Erkenntnis. Unser Erlebnis als solches verändert nichts. Der Zuschauer, wenn Brecht ihn entläßt, ist nicht erschüttert oder soll es nicht sein, er ist herausgefordert, er ist vor eine Entscheidung gestellt. In Berlin spielen sie zur Zeit die Bilderfolge: Furcht und Elend des Dritten Reiches. Das Parkett ist nicht voll, wie es sonst immer ist, ein deutscher Begleiter sagte mir: Das alles, was Brecht hier zeigt, erscheine ihm fast als Bagatelle gegenüber den späteren Ereignissen. Darin liegt vielleicht der eigentliche Vorzug: Die späteren Ereignisse kennen wir, die Zeit, wo sich niemand mehr wehren konnte; wir suchen die Anfänge. Wir wollen lernen. Oder genauer gesagt: Brecht will, daß wir es wollen. Brecht ist Marxist. Es wird niemand verwundern, daß er auf seiner Suche nach den Ursachen immer wieder die Macht der äußeren Verhältnisse zeigt. Die Haltung, die Brecht in diesem Stück einnimmt, gilt unseres Erachtens für seine ganze Arbeit: sie ist versöhnlich gegenüber dem Menschen, kämpferisch gegenüber den Verhältnissen. Die Schärfe und Härte, die sein Wort hat, erscheint als Ausdruck der Liebe, sie richtet sich nicht gegen den Menschen, sondern gegen alles, was den Menschen versklavt, und es ist natürlich ein barer Unfug, wenn man von Nihilismus redet. Hinter dem Nein, womit das erwähnte Stück schließt, steht das Ja zu einer andern Welt. Der Wille zur Veränderung, der den Dichter immer wieder zum Unterrichter macht, wäre ohne ein solches Ja nicht möglich.«

Das Ja zu Brecht beinhaltet für alle auch das Ja zu seinem neuen Theater. Die Giehse stand wieder einmal, diesmal vor dem für sie bestimmendsten Anfang. Die Uraufführung des Volksstücks: *Herr Puntila und sein Knecht Matti* am Zürcher Schauspielhaus war die erste gemeinsame Theaterarbeit, Brecht führte Regie und die Giehse spielte die Schmuggleremma. Als Regisseur dieser Aufführung gilt bis heute Kurt Hirschfeld. Brecht wurde mit Rücksicht auf die fremdenpolizeilichen Bestimmungen auf dem Programmzettel nicht genannt. Er war aber unbestreitbar der Regisseur und er hielt sich auch dafür. In seinen Arbeitsjournalen steht am 5. 6. 1948 die lapidare

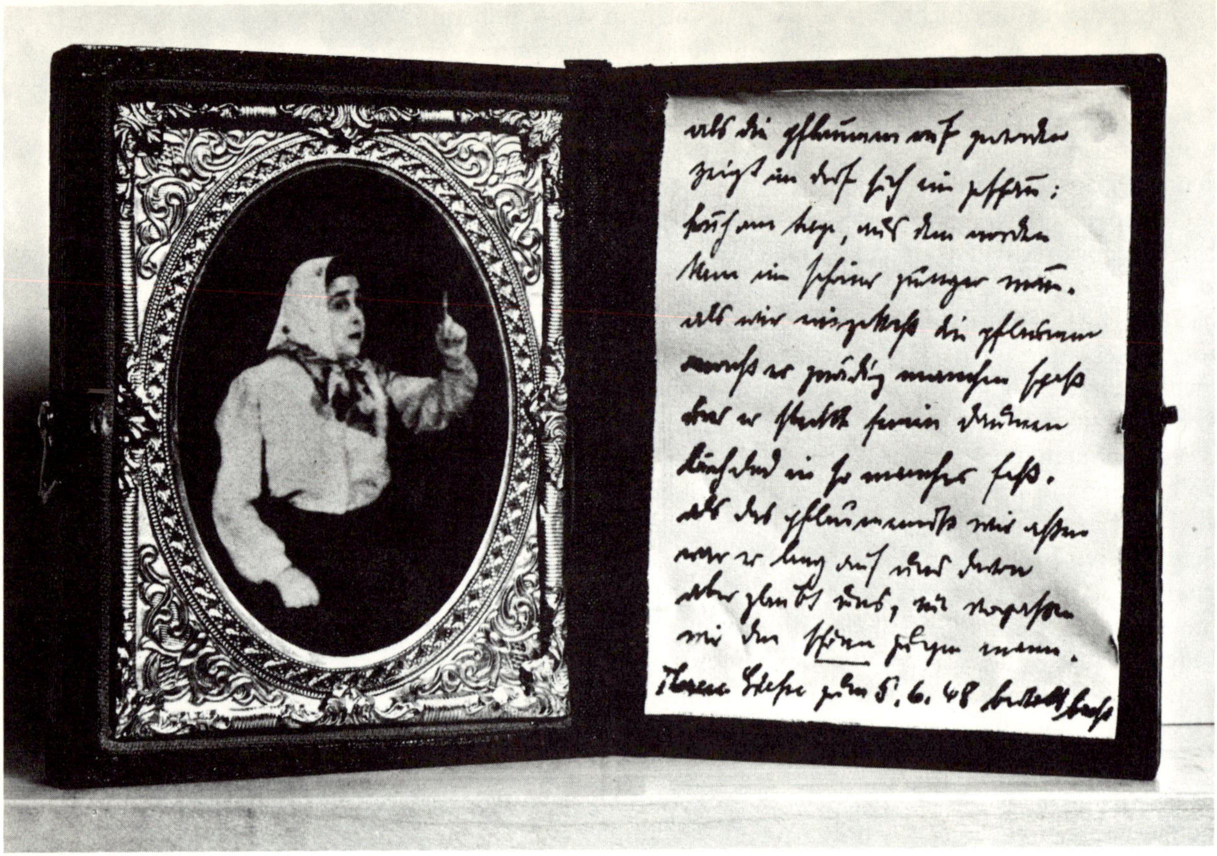

*Zur Uraufführung von »Herr Puntila und sein Knecht Matti« schrieb Brecht das Pflaumenlied für die Giehse und schenkte ihr die Handschrift, Zürich, 1948*

Notiz: »Puntila und sein Knecht Matti im Schauspielhaus inszeniert, assistiert von Hirschfeld«. In den Theaterannalen steht es anders und zum Vergnügen der Giehse hat auch »der Hirschfeld hernach selbst geglaubt, daß er den Puntila tatsächlich inszenierte«. Brechts neue Komödie, mit Leonard Steckel als Puntila und Gustav Knuth als Matti, wurde mit viel Beifall aufgenommen, die Giehse mit manchem Sonderlob bedacht: »Eine geniale Leistung darf nicht unerwähnt bleiben: die Emma Dachenainen Therese Giehses brachte es fertig, die undramatischen finnischen Erzählungen der Komödie zu einem ergreifenden Mittelpunkt zu steigern« (*Die Zeit* vom 24. 6. 1948). Brecht bedankte sich noch während der Probenarbeit: er schrieb für die Giehse das Pflaumenlied und schenkte ihr die Handschrift, eingeklebt in ein kleines, selbstgebasteltes Etui: »Brecht war ein großer Fummler, er liebte solche selbstgemachten Überraschungen, die er einem sehr nebenbei dann zusteckte.« Helene Weigel hatte die Giehse vorgewarnt: »Ein Verehrer macht dir heute ein Präsente, da

mußt du lernen.« Das Präsente zum Lernen war das Pflaumenlied, aus dem Stück: »Herr Puntila und sein Knecht Matti«. Lernen mußte die Giehse viel und manches neu, jede Freundschaft mit Brecht war vor allem mit Arbeit verbunden. Die größte Schinderei: das Neueinstudieren der Courage-Lieder. Die Musik von Paul Burkhard, der die Uraufführung musikalisch eingerichtet hatte, mußte vergessen und Paul Dessaus strenge Rhythmen mußten neu eingeübt werden. Nachmittage mit Brecht und Dessau waren harte Lehr- und Lernstunden, Schwerstarbeit für Kopf und Stimme. Der Unterricht wurde später in Berlin noch fortgesetzt.
Ende 1948 verließ Brecht Zürich und kehrte nach Berlin zurück, um dort sein eigenes Theater zu verwirklichen. Er entschied sich für den Teil der Stadt, der 1949 die Hauptstadt der Deutschen Demokratischen Republik wurde. Im November 1949 folgte Therese Giehse der Einladung Brechts nach Berlin, spielte mit Unterbrechungen bis 1952 am Berliner Ensemble und entschied sich dann für die endgültige Rückkehr an das Haus, an dem sie angefangen hatte: die Münchner Kammerspiele.
Berlin 1949: Die zerbombte Stadt ist zweigeteilt. Ost-Berlin ist der kleinere Teil, hat aber ein offenes Hinterland, West-Berlin ist der größere Teil und eine im Gebiet der DDR gelegene Insel. Ost-Berlin ist Hauptstadt – jetzt der DDR – geblieben, West-Berlin hat seine Hauptstadtfunktion – jetzt für die BRD – an Bonn, »das Provinznest irgendwo am Rhein« bis auf weiteres verloren. In der Bundesrepublik Deutschland heißt der neue Kanzler Konrad Adenauer, der Bundespräsident: Theodor Heuß. In der Deutschen Demokratischen Republik regieren Wilhelm Pieck und Otto Grotewohl. Nicht nur Berlin und Deutschland, die ganze Welt hat sich in Ost und West gespalten.
Doch der »kalte Krieg« steht erst bevor – noch sind die Beziehungen der beiden deutschen Staaten und der Deutschen untereinander nicht eingefroren. Auch die kulturelle Szene ist noch offen. Westberliner Theaterkritiker geben regelmäßigen Bericht über das Theater und die Aufführungen im »anderen Teil der Stadt«. Man begrüßt freudig die zurückkommenden Emigranten, egal ob diese nach West- oder Ost-Berlin heimfinden. Nach der Premiere von: *Wassa Schelesnowa* des Berliner Ensembles in den Kammerspielen des Deutschen Theaters – dort hatte das Brecht-Ensemble Gastrecht bis zum Umzug ins eigene Haus am Schiffbauerdamm – schrieb Friedrich Luft in seiner Kritik vom 23. 12. 1949: »Die Rückkehr bewährter und vermißter Kräfte und der Zuzug von Vortrefflichkeiten, die Berlin in der künstlerischen Abgeschiedenheit der letzten 16 Jahre nicht kennen-

lernen konnte, scheinen dieser Spielzeit endlich die Würze geben zu wollen, die wir so lange entbehrten. Berthold Viertel ist zu begrüßen ... Der Jubel, der den Dichter, Essayisten und klugen Regisseur umbrandete, wird ihm bewiesen haben, daß er vonnöten ist und in großer Herzlichkeit willkommen ... Der Abend gehörte auf der Bühne selbst der Therese Giehse ... Eine resolute Frau mit festen, klaren Augen, breit zugreifend. Sie ließ über die Gestalt der Wassa viele Lichter spielen. Sie war tückisch und lauernd, sie war von einer behäbigen Tantenfreundlichkeit gleich im nächsten Augenblick; jetzt von ruchloser Raffsucht und direkter Menschenverachtung, dann von einem glänzenden Charme, der die Züge der lauernden Bosheit fast vergessen machen konnte. Eine eindrückliche Leistung in einem Fach, das heute in Berlin so nicht annähernd gefüllt werden könnte.«

Bis dahin hatte die Giehse nur jenes eine Mal in Berlin gastiert: an der Volksbühne unter Karlheinz Martin im Jahr 1931. Damals blieb sie ohne Beifall. In: Alfred Polgars Lustspiel *Defraudanten* war Max Pallenberg in Franz Molnars tragikomischer Vorstadtlegende *Liliom* Hans Albers – zwei Sterne am Berliner Theaterhimmel – der Mittelpunkt aller Aufmerksamkeit gewesen. Und in der Berliner Presse stand: Wozu brauchen wir eine Frau Giehse aus München, wo wir doch Ilka Grüning haben ... Otto Falckenberg und Bruno Frank schickten Gruß und Trost per Telegramm: »Mach Dir nichts daraus, *wir* kennen dich!«

Solchen Trost brauchte es diesmal nicht, denn das Ensemble am *Ensemble* bestand aus vielen Gleichgesinnten: ein Startheater gab es nicht. Erst Monate nach der Berliner Premiere von *Puntila*, am 8. 11. 1949, war das Ensemble damit eröffnet worden, übernahm die Giehse die Rolle der Schmuggleremma auch in Berlin. Vorher hatte sie die Wassa probiert und allein am Berliner Ensemble fünfzigmal gespielt. Im Sommer 1950 ging das Brecht-Ensemble mit zwei seiner Aufführungen: Herr Puntila und sein Knecht Matti sowie: Wassa Schelesnowa auf Tournee durch die Bundesrepublik, gespielt wurde u. a. in den Städten Braunschweig, Dortmund, Wuppertal und Düsseldorf. Eine Rundreise, die für die Ostberliner Theaterleute gleichermaßen erfolgreich wie lehrreich war. »Richtig verstanden hat man uns nicht, ein bißchen haben die Leut' auf uns geschaut wie auf ungenießbare Giftpilze.« Danach verabschiedeten sich Brecht und die Giehse von den Berliner Freunden, um an den Münchner Kammerspielen gemeinsam eine zweite Modellaufführung der *Courage* zu erarbeiten. Brecht lag viel daran, die *Courage* noch einmal, und zwar mit der Giehse in der Titelrolle, zu inszenieren und neben dem authentischen Berliner Modell noch eine zweite Modellinszenierung zu haben. *Die Courage der Giehse* wurde zu einem wichtigen Bestandteil in seinem Modellbuch über die Berliner Aufführung. Mehr darüber im nachfolgenden Kapitel. Allen geschwätzigen Theaterunken zum Trotz blieben den zwei großen Brecht-Interpretinnen eigensüchtige Konkurrenzgefühle fremd. Therese Giehse und Helene Weigel waren Freundinnen und nie Rivalinnen, weder beruflich noch privat. Nur wenn der Brecht und die Giehse zusammen, zwei Bayern auf den ihnen gemäßen Wegen, in München auf die Wies'n hinaus zum Oktoberfest gingen, »hat die Helli auf uns mit viel Verachtung geschaut«. Das blieb dann nicht ohne Folgen in Berlin. Die Sonntage waren Ruhetage, die Giehse meistens eingeladen bei Brechts in Weißensee. Mittags kochte dann die Weigel, und »um uns Bayern etwas zu bieten, wollte sie immer ›Heimattage‹ mit echt bayerischem Essen machen – wir haben dann sehr eigensinnig auf preußischen Scheußlichkeiten bestanden«.

Das Bayerische in Brecht ist nie genug gewürdigt worden, auch nicht der Valentin in ihm, was folgende Giehse-Geschichte beweist: »Seiner Tierliebe frönte er nur heimlich. Er sagte immer: Was soll denn das Getue um die tierische Kreatur, solange der Mensch ein so armes, geschundenes Luder ist. Dabei mochte er Tiere sehr gern. Brechts hatten eine Katze, die schlüpfte häufig durch die etwas offene Tür in das Zimmer des Dichters. Einmal wurde Brecht erwischt, wie er eng an die Wand gedrückt lag und die Katz' malerisch inmitten des Sofas ruhte. ›Die weiß, was sie will, sie will in der Mitte liegen. Das respektier' ich‹, hat der große Menschenfreund gesagt und versucht, sich rauszuschummeln.«

Die Arbeit mit Brecht bestand aus vielen Widersprüchen: er machte die Antwort zur Frage, das Laster zur Tugend, das Vergnügen zur Arbeit und die Arbeit zum Spaß. Er war lustig, weil er ein ernster Mensch, listig, weil er ehrlich war. Er schrieb: Kleines Organon für das Theater, weshalb ihn viele seiner Anhänger als puritanischen Unterrichter für das Theater als Lehranstalt immer wieder mißverstehen. Dabei liebte er die Komödianten und war für das Komödiantische, »oft so sehr, daß es uns Schauspielern selbst zu viel wurde«.

Bei der Aufführung von *Biberpelz und Roter Hahn* – in der Bearbeitung des Berliner Ensembles wurde aus den zwei Stücken Gerhart Hauptmanns eins gemacht – führte Egon Monk Regie. Zum erstenmal arbeitete die Giehse mit einem der vielen Brechtschüler zusammen. Monk war ihr von allen der liebste, der erfolgreichste wurde Benno Besson. »Er saß unentwegt neben Brecht und lernte. Er verstand, das Gelernte in die ihm eigene Ausdrucksform umzusetzen, das Eigene daraus zu machen. Ich selbst finde Besson in seinen Inszenierungen immer etwas übertrieben, ein bißchen ist alles gemogelt, aber gekonnt ist es imponierend.« Ehrlicher arbeiten nach ihrer Meinung Egon Monk und Peter Palitzsch, wobei es dem einen an »Glück«, dem anderen an »Kraft« fehlt. Den »Fall Monk«, er scheiterte nach 75 Tagen als Intendant des Hamburger Schauspielhauses, hält sie nach wie vor »für eine Schand'«. »Das war schon von antiker Grausamkeit, mit welcher Schnelligkeit der Monk vertrieben wurde. Hernach hat eigentlich keiner mehr von dieser Scheußlichkeit gesprochen, der Verjagte wurde totgeschwiegen.« Durch Monks kurze Intendantenzeit – es war geplant, in Hamburg *Wassa Schelesnowa* aufzuführen – blieb es bei der einen gemeinsamen Theaterarbeit am Berliner Ensemble. Zur Hauptmann-Bearbeitung, die er zusammen mit Wolfgang Böttcher, Claus Hubalek, Ernst Kahler, Egon Monk, Peter Palitzsch und Vera Skupin gemacht hatte, notierte Brecht nach der Premiere am 24. März 1951: »Die große Menschendarstellerin war interessiert, in den beiden Stücken Hauptmanns *Biberpelz* und *Roter Hahn* hintereinander zu spielen, eventuell an aufeinanderfolgenden Abenden. Das bestehende System der Besucherorganisationen, vor allem aber die Schwäche des Stückes *Der rote Hahn* veranlaßten das Berliner Ensemble, die Stücke zusammenzuziehen. Es war die Konzeption der Giehse, die Komödie und die Tragödie der Waschfrau Wolffen zu einer Tragikomödie auszugestalten ... Wenn die Giehse an einem Abend die Mutter Wolffen im *Biberpelz* und die Frau Fielitz in *Der rote Hahn* spielt, tut sie etwas sehr Kühnes: Sie verzichtet für ihre Waschfrau auf die bedenkenlose schmunzelnde Anerkennung, die ihr das erste Stück, und auf das Mitleid, das das zweite ihr verschaffen könnte. Sie erregt widersprechende Gefühle beim Zuschauer.«

Bei der Probenarbeit zu Kleists *Der zerbrochene Krug* forderte die Giehse den heftigsten Widerspruch Bert Brechts heraus, weil sie seiner Meinung nach in Kleists Sprache so viel Schönheit fand. Die Giehse spielte, wie schon oft zuvor und noch oft danach, die Marthe Rull und führte dabei, unterstützt von Brecht, auch selbst Regie. Brecht ließ sich wochenlang nicht auf den Proben sehen, und als er kam, gab es gleich Streit. Er forderte die Giehse auf, »diese entsetzlichen Inversionen« aus Kleists Sprache rauszuwerfen, aber die fand die Giehse gerade schön. Brecht tobte, schimpfte, fiel fast mit Brachialgewalt über den toten Dichter her, den er nur den »preußischen Junker« nannte. Eine sensible Schauspielerin verließ die Probe, weil sie's nicht ertragen konnte, wie der Brecht die Giehse anschrie. Nie hatte diese mit Brecht so großen Krach wie wegen Kleist und dessen

*Therese Giehse als Marthe Rull*
*in »Der zerbrochene Krug«,*
*von Kleist*
*in ihrer eigenen Inszenierung,*
*Berliner Ensemble, 1952*

*Therese Giehse als Marthe Rull,*
*Berliner Ensemble 1952*

*Therese Giehse als Marthe Rull, Berliner Ensemble, 1952*

Inversionen: »Dabei hat er sie selber gar nicht wenig auch benutzt. Es war ganz gewöhnliche Eifersucht. Er hat nicht zugeben wollen, daß er dem Kleist die Schönheit seiner Sprache neidete. Mitten im Toben wurde er friedlich. Das ist ja das Schöne an den wirklichen Könnern – plötzlich horchen sie auf, hören genau hin. Kleists geniales Sprachempfinden kann kein Kenner leugnen. Diese Schönheit der Worte, diese Feinheit der Sprache! Man kann darüber streiten, welcher Inhalt in der schönen Schale ist, aber nicht über die Schale. Wenn Brecht von dieser Schale ohne Inhalt sprach, habe ich mich auf eine große Auseinandersetzung erst gar nicht eingelassen, sondern nur gesagt: aber was für eine Schale!«

Die Giehse-Inszenierung vom *Zerbrochenen Krug* wurde trotz Brechts Kleistaversion für alle Mitwirkenden ein schöner Erfolg und ein ernsthafter Spaß für das Publikum:

»Nach Goethe und Schiller erscheint jetzt Kleist aus der Perspektive unserer Welt in überraschenden Proportionen. *Der zerbrochene Krug*, dieses ebenso viel gepriesene wie wenig (und jedenfalls kaum je zum wirklichen Vergnügen des Publikums) aufgeführte Lustspiel, wurde in den Kammerspielen ein voller, runder Erfolg, und die Inszenierung des Berliner Ensembles kam nahezu einer Urbarmachung frisch entdeckten Bodens gleich. Das geschah ohne gewollte Originalität und ist keineswegs effektbeflissenes Regiekunststück. Die neue Wirkung kommt tatsächlich aus der neuen Sicht; wie in allen Aufführungen der Brechtschen Schule besticht und blendet kein falscher Glanz, vielmehr überzeugt eine klare, fast nüchterne Durchsichtigkeit der Charaktere und Geschehnisse. Die betuliche, langsame Umständlichkeit, die im *Zerbrochenen Krug* leicht den Zugang zum Wesen des Stückes verstellte, ist jetzt einer wachen, konsequenten Aggressivität gewichen, die nichts Zufälliges, Unverbindliches zuläßt« (*Berliner Zeitung*, 30. 1. 1952).

»Daß Therese Giehse sich mit ihrer Marthe Rull wieder als eine Meisterin in der Schauspielkunst zeigt und eine disziplinierte Leistung vollbringt, an der die Zuschauer großes Vergnügen und die junge Künstlergeneration ein gültiges Vorbild haben, entspricht den Erwartungen. Es ist für die Zuschauer und für das Ensemble ein großes Glück, diese Künstlerin bei sich tätig zu wissen. An der Darstellung der Marthe Rull kann man dazu beobachten, wie streng sie sich im Rahmen des Ensembles hält, dessen Gesamtleistung ihr als Regisseurin und Schauspielerin über alles geht« (*Tägliche Rundschau*, 1. 2. 1952).

Mit 174 Aufführungen, Manfred Wekwerth studierte später das Stück neu ein, blieb *Der zerbrochene Krug* die meistgespielte Inszenierung in den frühen fünfziger Jahren am Berliner Ensemble und wurde in späteren Jahren nur von den Erfolgsgiganten des Berliner Ensembles wie: *Leben des Galilei* (242), *Die Dreigroschenoper* (421), *Arturo Ui* (440) oder *Schweyk* (290) übertroffen.

Die Rückkehr der Giehse nach München und Zürich bedeutete das Ende der gemeinsamen Theaterarbeit, nicht das Ende der Freundschaft mit Brecht, auch keinen Abbruch der Beziehungen zum Berliner Ensemble. Therese Giehse kehrte regelmäßig zu den Freunden nach Berlin zurück, außer zu Brechts besonders oft und gern zu Elisabeth Hauptmann, der langjährigen Mitarbeiterin und scharfsinnigen Freundin Bertolt Brechts, »deren Verdienste zu würdigen noch aussteht«. Bei solchen Besuchen wurde nicht nur Wiedersehen gefeiert, sondern immer auch etwas gearbeitet, im August 1955 beispielsweise unter »Aufsicht« Brechts die *Unwürdige Greisin* aufgenommen. Wie eng der Kontakt über alle räumlichen Entfernungen hinweg blieb, wie selbstverständlich das gegenseitige Vertrauen, zeigen mit verläßlicher, unverstellter Einfachheit zwei Briefe Bertolt Brechts aus seinen letzten Lebensjahren, der eine datiert vom 4. 9. 1954, der andere vom 5. 10. 1955:

Liebe Therese,

wir brauchen Generalintendanten für Leipzig und Dresden - Leipzig ist die lebhaftere Stadt mit guter Universität (Bloch, Budzislawski, Wieland Herzfelde, der Romanist Werner Krauss, der Literarhistoriker Hans Mayer). Hättest du Lust dazu, sowas zu unternehmen? Du bekämst natürlich alle Hilfe. Und du könntest in Berlin spielen, wenn du willst. Wir könnten dir einige der begabtesten jungen Leute zeitweilig abgeben, Besson usw. Für uns wäre es überhaupt grossartig. Schreib mir doch ein par Zeilen darüber.

Helli und das ganze Theater lässt grüssen.

dein

bert

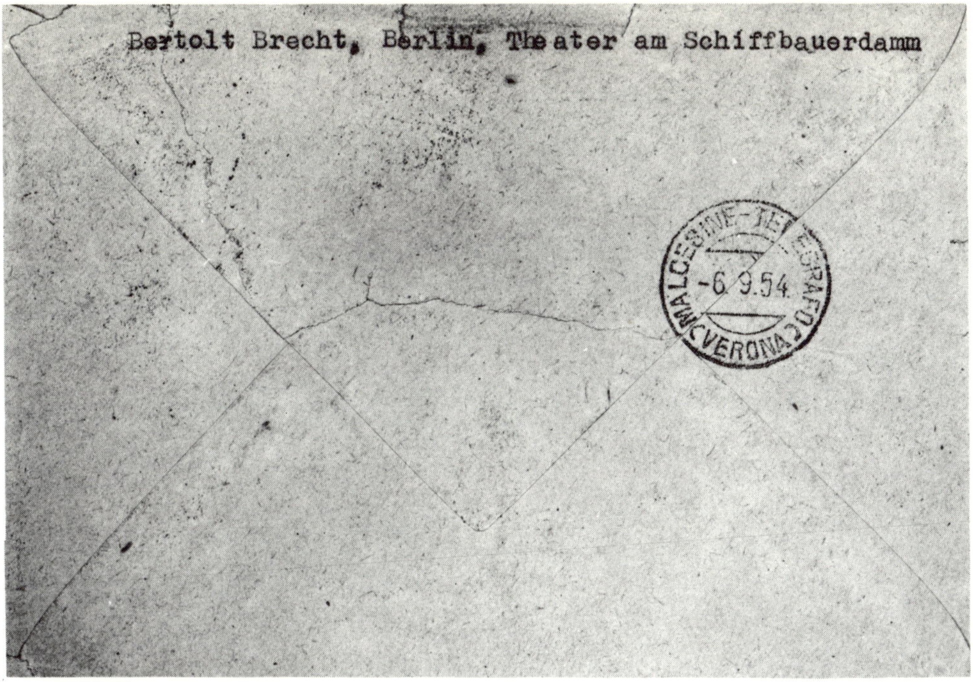
Bertolt Brecht, Berlin, Theater am Schiffbauerdamm
-6.9.54
(VERONA)

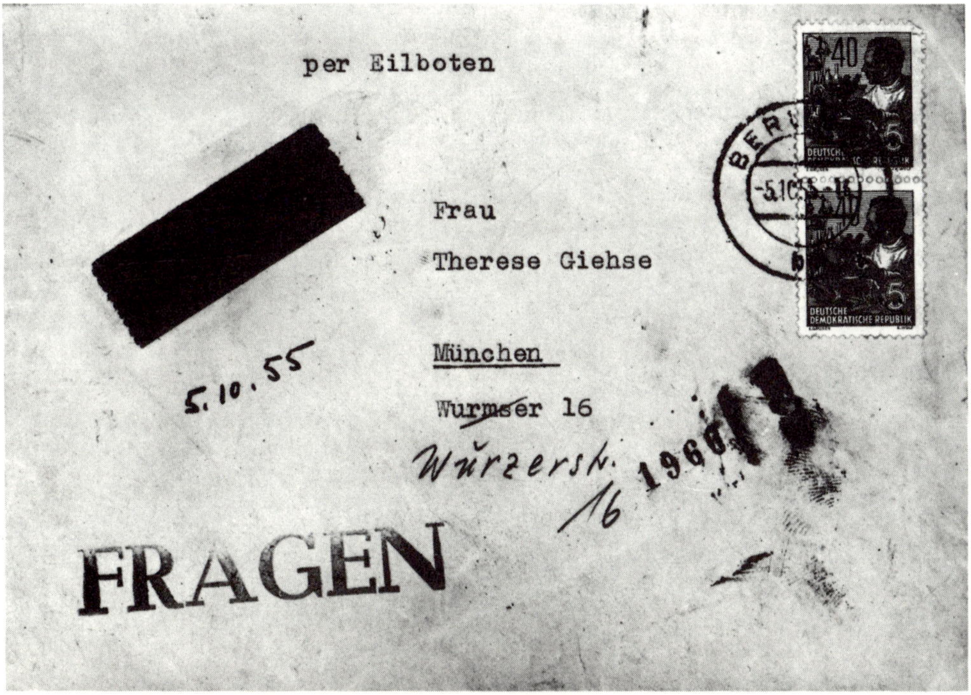
per Eilboten
Frau
Therese Giehse
München
Wurmser 16
5.10.55
Würzerstr.
16
1960
DEUTSCHE DEMOKRATISCHE REPUBLIK
FRAGEN

Liebe Therese,

ich konnte Dir nicht zuraten, die Rolle der COURAGE bei der Defa zu übernehmen. Auf meinen Rat gab Helli, widerstrebend, die Rolle auf, da die künstlerischen und gesundheitlichen Arbeitsbedingungen undtragbar geworden waren. Der Regisseur Staudte hatte den Film als einen Superkolossalfilm geplant und dazu noch völlig unzureichend vorbereitet - er war den Sommer über bis zehn Tage vor Drehbeginn mit einem Film in Holland beschäftigt. Die auf meine Forderung zugesagten Farbexperimente waren nicht gemacht worden, Kostüme lagen vor für einen Operettenfilm und die Bauten, superkolossal, waren im grössten Atelier untergebracht, wo selbst die intimsten Szenen prinzipiell nachsynchronisiert werden mussten, da das Atelier einen "Hall" hat. Die Termine mit den Ausländern, an und für sich guten Schauspielern, waren so knapp, dass die Notwendigkeit, frische Kostüme nachgearbeitet zu bekommen und eine Erkrankung der Kattrindarstellerin die Zeittafel unrettbar durcheinander brachte. Die Hudelei setzte ein und es wurde Helli zugemutet, praktisch unbegrenzt zur Verfügung zu stehen. Jetzt griff ich ein, zumal in der letzten Zeit mehrere gute Leute aus unserer Generation durch Herzschäden gestorben waren (Fr. Wolf, Weisskopf) oder schwer krank wurden (Becher, Bredel, Fürnberg, Ackermann). Dieser Gesichtspunkt fand auch das volle Verständnis der Regierung. Sie war sofort bereit, lieber die erheblichen Geldverluste zu tragen als einer solchen planmässigen Verschrottung unentbehrlicher Leute Vorschub zu leisten. Wir müssen jetzt versuchen, die "übliche" Routine, die nur filmfremden Leuten nicht einleuchtet, wie Herr Staudte sagt, durch künstlerisch (und auch sonst) gesunde Arbeitsbedingungen zu ersetzen.

Hab Dank für deine feste Haltung!

Dein

b

Wann bist du in London?

Mehr als die Giehse sagen will und kann, »wie man miteinander stand«, zeigen diese Briefe die sinnliche Arbeitsatmosphäre, von der diese Freundschaft erfüllt und getragen war. Mehr als alle Worte und klugen theoretischen Erörterungen geben sie Auskunft über das, was Brecht unter Sozialismus und einer sozialistischen Arbeits- und Lebensweise verstand. Er starb, erst 58 Jahre alt, am 14. August 1956. Eine Woche zuvor, am 9. 8. 1956 hatte Helene Weigel, um Brecht besorgt, in einem Brief an Therese Giehse u. a. geschrieben: »Ich hoffe, daß ich ab 20. dieses Monats den Bert nach München verfrachten kann zu Schmidt. Du weißt, Leopoldstraße. Brechts Zustand schaut so aus: die Herzklappeninfektion ist behoben, aber er ist in einem Erschöpfungszustand, der mir unbegreiflich ist und der ihn beunruhigt, weil er ihn arbeitsunfähig macht. Er hat zwar völliges Vertrauen zu seinen hiesigen Ärzten, aber ich hätte doch gern eine zweite Meinung. Hier in Berlin werde ich das nie erreichen. Was ich Dich also bitten will, ist folgendes: frag Dich herum, wo in München oder auch anderswo ein großer Fachmann 1. Herz, 2. Kreislauf (schließlich ist er 58) sitzt, und rede ihm zu, außer Schmidt noch jemanden zu konsultieren . . . Ich hoffe, Du wirst mich nicht verraten, weil er vermutlich eher auf Deinen Rat hört als auf mein Gerede, das er so viele Jahre um die Ohren hat.«
Brecht, der noch ein Jahr zuvor selbst auf die vielen Herzschäden in seiner Generation hingewiesen hatte, konnte nicht mehr geholfen werden.

Das vorgesehene *Courage*-Gastspiel in London fand wie geplant statt – das Brecht-Ensemble gastierte dort wenige Tage nach Brechts Tod und ehrte damit seinen Lehrmeister auf die ihm gemäße Weise und ganz in seinem Sinn.

Nach Brechts Tod leitete Helene Weigel das Berliner Ensemble bis zu ihrem eigenen Tod im Mai 1971. In einem Buch zu ihrem 70. Geburtstag im Jahr davor schrieben ihr zu Ehren viele namhafte Theaterleute des In- und Auslandes, darunter auch Therese Giehse. Im Unterschied zu allen anderen Gratulanten wandte sie sich als einzige nicht an die Weigel direkt, sondern an die zwei Herausgeber des Buches, die sie um ihren Beitrag gebeten hatten:

»Lieber Herr Tenschert und Herr Hecht,

Sie haben eine schwere Sache auf sich genommen – Sie sollen mich zum Schreiben bringen. Ich kann's doch nicht und genier' mich mit ›wohlgefügten Worten zur Feier‹.

Daß ich die Helli für eine ›Außergewöhnliche‹ halte, die einem Genie alles bereitete für seine Arbeit – in schwersten Zeiten. Daß ich ihre Kraft bestaune – ihren Charme –, ihren Ernst ohne Sentimentalität – ihre scharfe Drolligkeit. Und schön aussehn tut sie auch.

Der Siebziger ist nichts anderes als die andern Nummern, und sie soll noch viele dazulegen. Ihre Kraft wird nicht nachlassen, und wenn sie so klein ist wie eine Zündholzschachtel.

Ich hab' sie gern und wünsch' ihr nix Schlechtes.

*Therese Giehse*«

# *Die Courage der Giehse*

*Mutter Courage und ihre Kinder*, das Stück ist nach dem Weltkrieg viel gespielt, inzwischen längst zum anerkannten Markenartikel des zum gesamtdeutschen »Klassiker« erklärten Dichters Bertolt Brecht geworden. Die Courage der Giehse dagegen ist der weit über unsere Gegenwart hinaus weisende Protest gegen *alle* Kriege in der Welt. Ihre Courage entstand in einer Zeit, da das Chaos die Ordnung der Welt und das Stück nicht nur ein theatralisches Ereignis, sondern vor allem politisch bedeutungsvoll war: ein Teil des Kampfes gegen den Krieg, der – so Brecht: »eine Fortführung der Geschäfte mit anderen Mitteln ist« und die kleinen Leute zu Handlangern des Unrechts macht.

Im Jahr 1941, dem Jahr, in dem die Uraufführung stattfand, hatten die Deutschen Polen überfallen und besiegt, Dänemark und Norwegen wider internationales Recht besetzt, Luxemburg, Belgien, die Niederlande im Handstreich genommen, Frankreich geschlagen und zum Waffenstillstand gezwungen, deutsche Bombengeschwader über London und Belgrad, deutsche Fallschirmtruppen auf Kreta, Rommel auf dem Vormarsch in Afrika, Tobruk eingeschlossen, Moskau belagert, Griechenland unterworfen – »und die Schweiz das kleine Stachelschwein, das stecken wir auf dem Rückweg ein«. 1941 war auch das Jahr, in dem die Schweiz ihre kommunistische Partei verbot. Die Schweizer wollten die tollwütigen Eroberer nicht zusätzlich reizen.

In einer solchen Weltsituation gehörte Mut dazu, dem sozialistischen Stückeschreiber Bertolt Brecht das Wort zu geben. Mutter Courage betrat singend die Bühne:

»Das Frühjahr kommt. Wach auf, du Christ!
Der Schnee schmilzt weg. Die Toten ruhn.
Und was noch nicht gestorben ist
Das macht sich auf die Socken nun.«

Die Ereignisse der Zeit haben die Courage der Giehse mitgeprägt, auch die Erfahrungen der ersten Nachkriegsjahre. Am 2. 12. 1948 hatte das Stück – neu erarbeitet vom Zürcher Team der Uraufführung, Leopold Lindtberg, Teo Otto, Therese Giehse – in Wien Premiere. Der Spielort: das Neue Theater in der Scala, der »Kommunistenpuff«, u.a. geführt von Wolfgang Heinz und Karl Paryla. Das literarische Wien zuckte entsetzt zusammen. Gegen Stück und Aufführung ließ sich zwar nichts sagen, das war gekonnt, das war grandios. Auch den kommunistischen Brecht ließ man noch gelten, wenn auch kein Ehrenmann, so war er doch berühmt als Dichter. Man war geneigt, ihn anzuhören, zumal die große Giehse seine Interpretin war – man gab sich für die Kunst gern tolerant. Der gewählte Spielort aber war infam, da ging kein anständiger Wiener hin. Bis dahin reichte die Toleranzgrenze nicht: das Theater in der Scala wurde boykottiert, auch die Courage, denn wer in diesem Kommunistentheater spielte, für den galt nach altem Recht und Brauch: mitgefangen – mitgehangen!
»In der Scala wurde vorzügliches Theater gemacht, trotzdem blieben viele Vorstellungen fast leer. Die Courage war relativ gut besucht, gemessen an der sonstigen Leere im Zuschauerraum, aber auch wir spielten oft vor kaum halb gefülltem Haus.«
Gleich nach dem Faschismus lernte die Giehse den Antikommunismus frühzeitig kennen. Der Krieg war zu Ende, die Verteufelung der Andersdenkenden nicht. Die Giehse blieb, wie immer in schwierigen Situationen, von unerschütterlicher Ruhe und Hartnäckigkeit. Mit dem Lustspiel *Ihr 106. Geburtstag* von Jean Sarment war der Bann gebrochen, der Boykott aufgehoben: Wien kicherte und lachte, die einhundertsechsjährige Greisin *Marmouret* der Giehse erwies sich als unwiderstehlich. Die Waffe der Schwachen ist die List: man spielte beide Stücke – alternierend – bis Ende Januar 1949 vor vollem Parkett.
Am 8. 10. 1950: *Courage*-Premiere in München. Dem großen Ereignis ging viel Unruhe voraus, es war wie in den alten Falckenberg-Zeiten: das Theater im Mittelpunkt aller Auseinandersetzungen, die Bühne ein Kampfplatz! Brecht wurde in München empfangen wie ein fremder Eroberer, mit Mißtrauen und Jubel. Die Bundesdeutschen hatten ihre Sensation: ein DDR-Sozialist auf westdeutschem Boden: Der *Spiegel* widmete ihm eine Titelgeschichte, die rechten Blätter forderten ihn und seine *Courage*-Aufführung »einfach zu verbieten«, die liberalen Blätter baten ihre Leser geradezu flehentlich um Toleranz für Bertolt Brecht und sein Theater, die Linken im Lande fanden das ganze Spektakel »typisch« und »entlarvend«. Das

*Uraufführung von Brechts »Mutter Courage und ihre Kinder« am Zürcher Schauspielhaus, 19. 4. 1941, mit Therese Giehse, Erika Pesch, Karl Paryla und Wolfgang Langhoff, Regie: Leopold Lindtberg*

*Therese Giehse, Erni Wilhelmi, Hans Christian Blech und Karl Lieffen in »Mutter Courage und ihre Kinder« in der Inszenierung von Bertolt Brecht, Kammerspiele München, 1950*

Premierenpublikum kam aus aller Welt nach München. Brecht und die Schauspieler der Kammerspiele feierten einen großen internationalen Erfolg. Sichtlich erleichtert schrieb wenige Tage nach der Premiere und dem ausgebliebenen Theaterskandal Axel v. Hahn im *Mannheimer Morgen*: »Als schließlich im Schlußbild Therese Giehse als Mutter Courage, vor den Planwagen gespannt, auf der Drehscheibe noch einmal die Runde machte, scheinbar auf der Stelle trat – Symbol endloser Klein-Leute-Mühsal im großen Krieg –, und als dazu aus dem Lautsprecher mit dem Song ›Das Frühjahr kommt‹ gleichsam der Anfang des Stückes noch einmal mit aufgenommen wurde – da löste sich die echte Ergriffenheit des Publikums in einen, für Brecht und die Darsteller geradezu triumphalen Applaus. Immer wieder riefen Sprechchöre den Dichter auf die Szene, der dort seine Verbeugungen sehr menschlich (und gar nicht politisch) ›linkisch‹ absolvierte.«

Nicht als Kritiker, sondern als politischer Kommentator nahm Rudolf Heizler in der *Abendzeitung* vom 10. 10. 1950 zu diesem Theaterereignis und dem Kommunisten Bertolt Brecht Stellung: »Der Kampf gegen den Kommunismus ist eine verdienstvolle Sache. Aber die Methoden, deren man sich neuerdings dabei im Westen bedient, sind vielfach höchst anfechtbar. Sie stammen aus der Zeit Hitlers und sehen denen der Regierung Grotewohl–Ulbricht verdammt ähnlich. Eines aber sollten wir aus unserer Vergangenheit gelernt haben: In der Politik kommt es nicht nur auf die Ziele, sondern auch auf die Methoden an, die dabei angewandt werden. ›Mutter Courage‹ ist kein Sieg der Linksorientierten, sondern ein Erfolg der besseren Methode.«

Brecht selbst wollte nicht siegen, sondern überzeugen: »Dem Stückeschreiber obliegt es nicht, die Courage am Ende sehend zu machen – ihm kommt es darauf an, daß der Zuschauer sieht.« Die Courage »glaubt an den Krieg bis zuletzt«, Brecht hoffte, daß der Zuschauer es nicht tut.

In seinem Modellbuch schrieb er über die Courage der Giehse: »In der Münchener Aufführung nach dem Berliner Modell zeigte die Giehse, die die Rolle der Courage während des Weltkriegs in Zürich kreiert hatte, wie ein großer Schauspieler das Arrangement und theatralische Material einer Modellaufführung zur Ausgestaltung einer eigenen und unverwechselbaren Figur benutzen kann. Sie erfand dabei immerzu schöne Änderungen, die auch für das Modell Bereicherungen darstellen. So, wenn sie, den Gulden, den sie für ihren Kapaun erzielt hat, indem sie den Triumph ihres Sohnes ausnutzte, in der erhobenen Faust, einen kleinen Triumphmarsch ausführte.

Mutter Courage Spezereien

Oder wenn sie dem in die Küche stolpernden Eilif, der sie offenbar in der Art der Fierlings, mit einem barbarischen Gebrüll begrüßt, mit einer mißlaunigen Abart dieses Lautes antwortet. Die Ohrfeige ist so vorbereitet. (Die Weigel hatte Wiedersehensfreude gespielt und, sich plötzlich an Eilifs Unvorsichtigkeit erinnernd, ihn geohrfeigt.) Der Schweizerkas ist weggeführt worden. ›Und renkt ihm nicht das Schulterblatt aus!‹ brüllend, vollführt die Courage der Giehse neben ihrem Wagen und gedeckt durch diesen, wild den Boden stampfend, einen wahren Verzweiflungstanz. Sie muß ihre Verzweiflung verstecken und kann selbst ihren Appell an die Quäler ihres Sohnes nur pro forma äußern.

Vor der Verleugnung, wenn die stumme Kattrin, geschickt von der Lagerhure, sich unwillig neben sie stellt, lehnt sie sich in einem Augenblick der Schwäche an die Tochter und faßt nach ihrer Hand. Sie läßt sie schnell fahren, wenn die Landsknechte mit der Bahre des Schweizerkas kommen. Ihr Gang vom Faß zur Bahre und zurück ist wiegend und frech, und an der Bahre steht sie kerzengerade, in einer

*Linke Seite:*
*Therese Giehse als »Mutter Courage« in der Schlußszene, Kammerspiele München, 1950*

*Unten und folgende Seiten:*
*Therese Giehse und Erni Wilhelmi in Brechts Inszenierung seiner »Courage« an den Kammerspielen München, 1950. Die Verleugnung des Sohnes, Szenenfolge aus dieser Inszenierung*

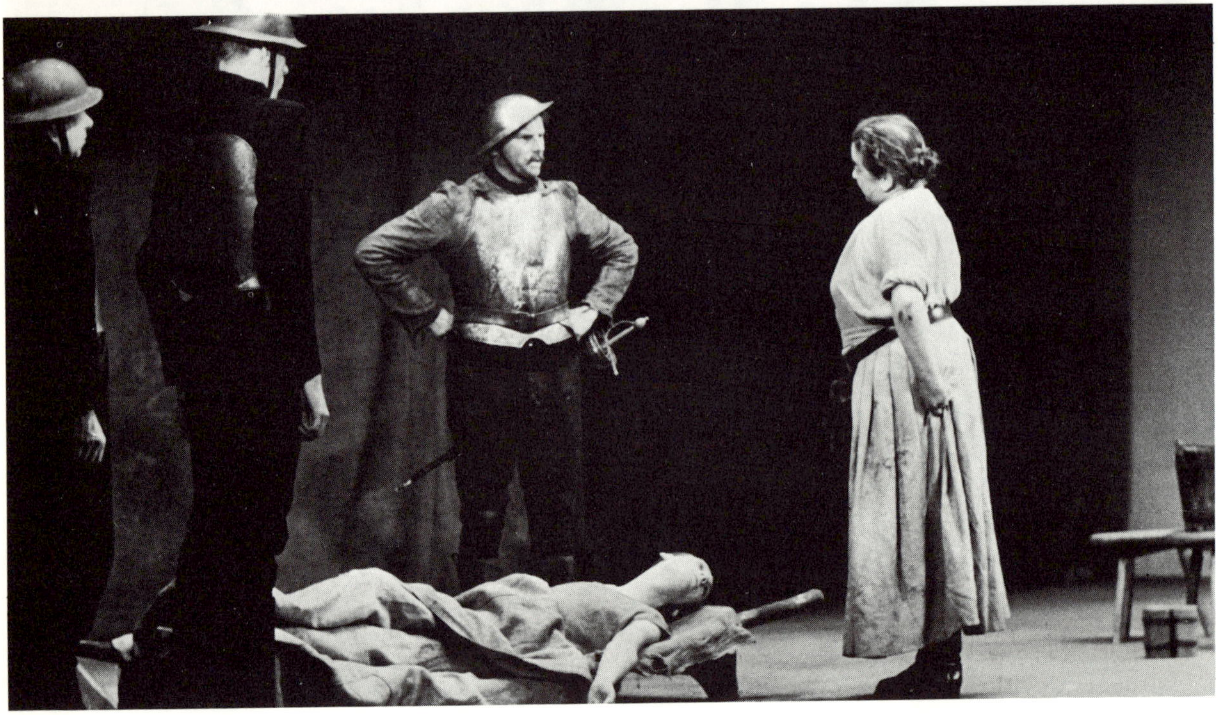

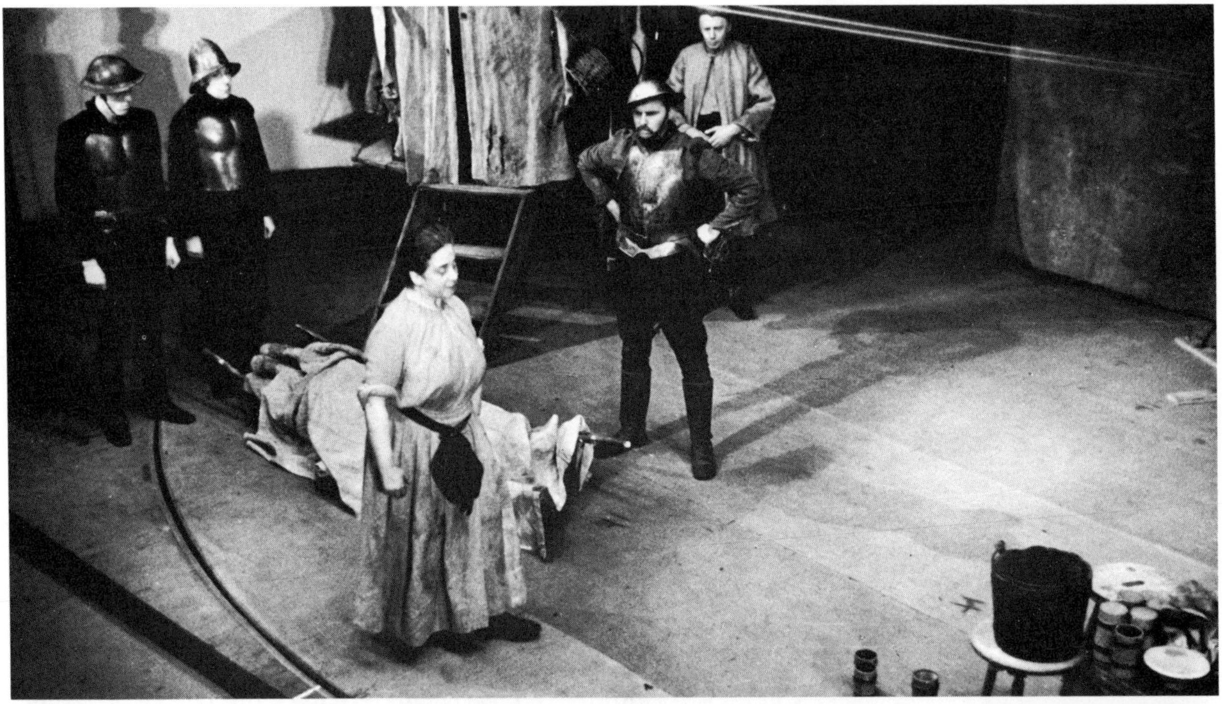

herausfordernden, ja eitlen Haltung, als folge sie lediglich einer beleidigten Zumutung. Wenn die Bahre weggetragen ist, fällt sie ohne Übergang und lautlos vornüber vom Hocker.
Dem Lied von der Großen Kapitulation gab die Giehse eine aggressive Wendung, indem sie beim letzten Refrain das Publikum mit einbezog – sie trat auf in der ›Stadt der Bewegung‹ und der Remilitarisierung. Ihren Zürcher Szenenschluß, mit dem in militärischer Zu-Befehl-Haltung gesprochenen ›Ich beschwer' mich nicht‹, gab sie für den Münchener Szenenschluß auf; die Courage ging mit gesenktem Kopf die Rampe entlang am Schreiber vorbei ab, wodurch die Niederlage betont wurde.
In der Szene, wo die Courage die stumme Kattrin von der Flucht zurückhält, fütterte die Weigel sie mit dem Löffel. Die Giehse setzte eine schöne Erfindung hinzu: Während sie, den Holzteller umkehrend, die letzten Tropfen der Suppe in den Löffel laufen ließ, zeigte sie durch Betonung und Heraushebung des Wortes ›Wagen‹ – von ihr bayrisch ›Woogen‹ ausgesprochen – die unbeholfene Höflichkeit vieler kleiner Leute, welche den Opfern, die sie bringen, eigensüchtige Motive unterschieben, um anderen die Demütigung zu ersparen, die Opfer annehmen zu müssen.
Mühselig hochhumpelnd, verbeugte sich die Courage tief auf halber Treppe, als stünde die Tür ins Pfarrhaus offen. Auch als sie den Teller zurück auf die Treppe stellte, verbeugte sie sich noch einmal tief. Das mühselige Hochklimmen zeigte, wie alt sie war, die da eine Bleibe ausschlug; die Bettlerverbeugung, was für ein Leben sie auf der Straße zu erwarten hatte. Die Weigel übernahm die Verbeugungen.
Bei dem Zudecken des Leichnams, bevor sie die Blache endgültig über das Gesicht der stummen Kattrin fallen ließ, steckte die Giehse den Kopf unter sie, die Tochter noch einmal betrachtend.
Und bevor sie mit dem Ziehen des Planwagens begann, blickte sie, eine andere schöne Variante, in die Ferne, sich zu orientieren, wohin sie gehen mußte, schneuzte sich, bevor sie loszog, mit dem Zeigefinger.«
1958 spielte die Giehse ihre Courage in Frankfurt, 1960/61 noch einmal in Zürich. Am 30. Juli 1956, vierzehn Tage vor seinem Tode, hatte Brecht für die Aufführung in Göttingen notiert, was hinsichtlich der Courage zu seinem Vermächtnis wurde:
»Es wird jetzt, wo das deutsche Wirtschaftswunder und die Politik der Stärke in so drohender Weise Arm in Arm auftreten, besonders wichtig, die Courage als Händlerin zu spielen, die im Krieg ihren Schnitt machen möchte. Ihr Händlertum hält sie für Muttertum, aber es zerstört ihre Kinder, eines nach dem anderen.«

## *Wieder in München – weiter in Zürich Fleißer-Uraufführung, Dürrenmatt-Rollen*

Die Giehse kam nach München zurück, wie sie vor 16 Jahren aus der Stadt gegangen war: unauffällig und mit wenig Handgepäck. Sie kam, um zu gastieren, noch nicht, um zu bleiben. Vieles aus der Vergangenheit war nicht vergessen: »Wir hatten damals alle etwas Bauchknurren voreinander.« Es gab viele Begegnungen, die unangenehm, Wiedersehen, die keine gegenseitige Freude waren. Ein ehemaliger SA-Mann fühlte sich beleidigt, weil die Giehse ihm die Hand nicht geben mochte. Ein Beleuchter, vormals aktiver Freund der Nationalsozialisten, staunte melodramatisch über die Rückkehr der Giehse. »Ja mei, daß ich mal wieder neben Ihnen stehen würd', Frau Giehse, das hätt' ich nie im Leben gedacht.« Die trockene Giehse-Antwort: »Hoffentlich können Sie's aushalten.« Sie dachte nicht daran, zu tun, als wäre nichts geschehen, lehnte es ab, das schnelle Vergessen der vielen mit schlechtem Gewissen mitzumachen. Sie war im Gegenteil der Meinung, daß – was geschehen war – nicht vergessen werden durfte. Auch die Verführten hatten zumindest die Verpflichtung, über das Geschehene nachzudenken und sich die Ungeheuerlichkeiten bewußt zu machen. Wie anders sollte nach diesem Schreckensende sonst ein neuer Anfang möglich sein?
Das einst Vertraute war den Emigranten fremd geworden. Das lag nicht an den Trümmern und Ruinen einer zu Schutt und Asche niedergebrannten Welt, sondern an den vielen Überlebenden darin, die die Verbrechen mitgemacht und nichts daraus gelernt hatten.
Die Kammerspiele, kurz vor Kriegsende noch ausgebrannt, wurden seit 1947 von Hans Schweickart geleitet, der Erich Engel – nach nur zweijähriger Intendanz – abgelöst hatte. Erich Engel war zu Brecht nach Berlin gegangen. In seinen Abschiedsworten an München nannte er die Gründe: »Der Münchner ist mehr der Vergangenheit zugewandt als offen für die Zukunft. Tradition ist hier eine viel lebendigere Kraft als im Norden. Es wäre lächerlich, den Wert einer

*Therese Giehse als Mutter Wolffen in »Der Biberpelz« von Gerhart Hauptmann, ihrer ersten Rolle nach der Emigration, Kammerspiele München, 1949, Regie: Peter Lühr*

solchen Haltung zu leugnen oder gegen eine solche Naturgebundenheit zu polemisieren. Es ist aber die Frage erlaubt, ob eine solche Haltung, die historisch große Werte erzeugt hat, in einem tiefgefaßten Sinne zeitgemäß ist. Ich bin der Meinung, wir müssen uns heute offen halten für neue, und seien es auch revolutionäre Möglichkeiten.« Erich Engel war ein Mann aus dem Norden, streng und kühl, dem die barocke Lebensart der Münchner wenig lag. Er hatte keinen Grund, in Bayern zu versuchen, was er bei Brecht in Berlin viel wirkungsvoller wagen konnte.

Hans Schweikart übernahm von ihm ein Theater, das nach faschistischer Zerstörung durch Erich Engel zu neuem Leben gebracht worden war. Mit Schweikart hatte die Giehse in der Falckenberg-Zeit, Otto Falckenberg war Weihnachten 1947 gestorben, schon viel zusammengearbeitet, sie kannte ihn, vertraute ihm. Er gehörte dem Kammerspiel-Ensemble bereits seit 1923 an, war drei Jahre vor der Giehse zu Otto Falckenberg gekommen. Ohne ihn wäre die Giehse vielleicht nie, auf keinen Fall so frühzeitig zurück nach München gekommen. Am 30. 8. 1949 begann sie in der Regie von Peter Lühr, es war seine erste, mit den Proben zu Hauptmanns *Biberpelz*. Und am 22. 9. 1949 hatte sie als Mutter Wolffen wieder Premiere im Kammerspielhaus. Auch die keineswegs links orientierten Blätter begrüßten die Zurückgekommene – wie Max Christian Feiler im *Münchner Merkur* – mit wirklicher Freude: »Vor sechzehn Jahren emigrierte Therese Giehse in die Schweiz, von den Münchner Kammerspielen weg nach Zürich. Nun stand sie wieder auf den ihr so vertrauten Brettern und spielte, wie schon früher, die Waschfrau Wolff. Wie sie das Milieu erfaßt und ausspielt, wie sie schnurgerade die krummen Wege geht und resolut der Kargheit ihrer Existenz die Fülle abzwingt, wie sie im Tonfall der Biederkeit die Entartung dieser Welt beklagt, wie sie am Machtverhältnis zwischen den Ämtern und der Menschheit mit ein paar naiven Worten rüttelt, ist so zwingend, daß man sich die Rolle der Mutter Wolffen kaum anders oder jedenfalls nicht besser interpretiert vorstellen kann. Aus dem begeisterten Beifall, der sie umbrandete, war der Wunsch herauszuhören, diese bewundernswerte Schauspielerin beruflich und menschlich bei uns beheimatet zu wissen.«

Die Giehse erinnert sich dieser Aufführung gern, denn sie spielte mit vorzüglichen Partnern, darunter mit Wilfried Seyferth, Rudolf Vogel und der jungen Gertrud Kückelmann. Ihr untrügliches Gespür für Talent und Qualität machte die Giehse gleich bei der ersten Zusammenarbeit auf »diese große Begabung« aufmerksam, die nie zur vollen Entfaltung kam, weil »alle in der Kückelmann immer

nur das junge, liebliche Mädchen sehen wollten und nicht begriffen, wieviel mehr noch in ihr steckte. Jahrelang hab' ich geredet, daß man sie nicht ewig diese Jungmädchenrollen spielen läßt, daß man sie nicht bloß nach ihrem Gesicht beurteilt – aber man rennt ja immer umsonst gegen die Beamten des Theaters an. Am Anfang war wohl gut und richtig, was sie spielte, aber später hätte sie ganz andere Aufgaben gebraucht. Sie ist ein typisches Beispiel dafür, wie eine große Schauspielerin zum Typ abgestempelt in ihrer Entwicklung aufgehalten werden kann. Für das Theater gibt es kaum Schlimmeres als die dummen Theaterleute in den wichtigen Positionen, die, obwohl sie gar nichts wissen, unaufhörlich alles besser wissen müssen.«

*Therese Giehse und Gertrud Kückelmann in »Gigi« von Colette, Kammerspiele München, 1954*

Die Kammerspiel-Zeit nach der Intendanz Schweikart gehört nicht zu den Lieblingserinnerungen der Giehse, ihre erste Begegnung mit Marieluise Fleißer dafür um so mehr: »Sie saß während der *Courage*-Proben oft neben Brecht; wie eine Handarbeitslehrerin hat sie ausgeschaut, aber hinter ihrer Brille, da hat's gefunkelt und geblitzt. Da konnt' man sehen, daß ihre brave äußere Erscheinung nicht übereinstimmte mit ihrem aufgewühlten Innenleben.«

Mit der bayrischen Dichterin aus Ingolstadt, von den Faschisten in die innere Emigration getrieben, mit Schreibverbot belegt und um die mittleren Jahre ihres schöpferischen Schaffens gebracht, verbindet die Giehse eine freundschaftliche Wahlverwandtschaft: der bayerische Eigensinn und die brechtische Prägung. Die Fleißer kannte vor allem den jungen Brecht, der genau wußte, was er wollte. In ihrer Erzählung *Avantgarde* beschreibt Marieluise Fleißer die frühe Begegnung mit Brecht, wie sehr sie dieser faszinierte und erschreckte, wie bedingungslos sie sich auf ihn konzentrierte, wie hart sie an ihm litt. Fleißer-Erzählungen gehören für die Giehse zum Schönsten, was je an deutscher Prosa geschrieben wurde, sie ist »die letzte wirkliche Dichterin«.

Nach der Begegnung mit dem Genie und ihrer ersten bitteren Lieberfahrung: »Von einem Genie hat man was aus der sicheren Entfernung, wo die Zerstörung nicht hinkommt«, wählte die Fleißer das Mittelmaß. Sie heiratete einen Tabakwarenhändler in Ingolstadt. Die Ehe war ein Fehler, der sich in faschistischer Diktatur und einer brutalisierten Umwelt aber nicht korrigieren ließ. Mit einem Mann verheiratet, der von Kunst nichts weiter verstand als: »Kunnst du mir fünf Mark leihen?«, verharrte die Fleißer auch nach dem Kriege und der von den Faschisten erzwungenen Sprachlosigkeit noch lange in Schweigen. Später entstanden verschiedene Erzählungen, ein neues Stück schrieb sie bis heute nicht.

Die Komödie *Der Starke Stamm*, durch Brechts Initiative gleich nach seiner *Courage*-Inszenierung an den Kammerspielen uraufgeführt, blieb – bis auf die Überarbeitung ihrer frühen Stücke – die vorläufig letzte Theaterarbeit der Fleißer. Zwei Tage nach der *Courage*-Premiere begann die Giehse mit den Proben für die Uraufführung der Fleißer-Komödie, vier Wochen später, am 7. 11. 1950, war die sehr erfolgreiche und viel beachtete Premiere.

»Die Aufführung der Kammerspiele unter Hans Schweikart war ein Meisterstück... Hier saß jeder Ton, jede Bewegung. Hier wurde nicht chargiert, hier hatte man das Gefühl, einen geschlossenen Spielkörper wie ein Instrument reagieren zu sehen... Frau Giehse, rundäugig, die Zunge unaufhörlich als Zahnstocher benutzend, geschäftig trip-

*Therese Giehse als Balbina in »Der starke Stamm« von Marieluise Fleißer, Uraufführung an den Kammerspielen München, 1950, Regie: Hans Schweikart*

pelnd, preziös die Hüften und immer die eine schwarze Handtasche am Henkel schwingend, eine ganze Skala bajuwarischer Gefühlstöne absolvierend, war hinreißend« (*Neue Zeitung*, 9. 11. 1950).
Trotz dieses Erfolges wurde die Fleißer für fast zwei Jahrzehnte erneut vergessen, bevor sie Ende der sechziger Jahre von den Jungen wie Martin Sperr und Franz Xaver Kroetz wiederentdeckt wurde.
Die Giehse-Rolle in *Der Starke Stamm* übernahm Liesl Karlstadt, als die Giehse München – immer nur kurzfristig »auf Besuch« in ihrer Heimatstadt – wieder verließ. Ihre Rückkehr vollzog sich langsam und in verschiedenen Gastspiel-Etappen; erst 1954 nahm die Giehse eine Wohnung in München. Nach der Fleißer-Uraufführung blieb die Giehse München fast zwei Jahre lang fern und spielte 1952 dann gleich vier Stücke nacheinander an den Kammerspielen: *Herodes und Mariamne, Philomena Marturano, Woyzeck* und *Die Ratten*. Das erstgenannte Stück inszenierte Fritz Kortner, der als Herodes zum letzten Male selber auf der Bühne stand. Die Giehse arbeitete sonst nie mit Kortner zusammen, obwohl bei jeder Begegnung an einer Münchner Straßenecke – man wohnte nicht weit auseinander – den Kortner Lust auf eine gemeinsame große Sache packte. Selbstkritisch hielt ihn die Giehse jedesmal aufs neue von solchen Plänen ab: »Bei zwei so ausgeprägten Dickschädeln, wie wir beide sie haben, kann daraus nur eine Katastrophe werden.« Falckenbergs sensible, Brechts kühle, aber freundliche Arbeitsweise gewohnt, gefiel der Giehse wenig, wie sehr der vulkanische Kortner seine vielen boshaften Ausbrüche selber genoß: »Oft hat er die Schauspieler nur beleidigt, damit ein neuer Kortner-Witz um die Welt gehen konnte.«
In *Philomena Marturano*, einem italienischen Volksstück mit viel Theaterpfeffer, spielte die Giehse die Titelrolle der von ihr sehr geschätzten Anna Magnani, an innerer Spannkraft gleich und durch Maske auch in äußerer Erscheinung ähnlich. Die Rolle zählt zu ihren »unwerten Kostbarkeiten«. Das Stück war eine deutsche Erstaufführung, auch außerhalb Münchens berichtete man davon: »Therese Giehse überläßt sich begeistert der italienischen Gestik und Rhetorik, so daß der Zuschauer einer Volksszene auf der Piazza del Mercato beizuwohnen glaubt. Sie ist eine neapolitanische Cousine der Mutter Wolffen, die, bereits hinaufgelangt, mit aller Schlauheit der Weibsnatur das Erreichte befestigt« (*Frankfurter Allgemeine Zeitung*, 1. 8. 1952).
»Therese Giehse in dieser Rolle war ein Naturereignis, bisweilen eine Naturkatastrophe. Die Dynamik dieser Figur sprengte fast den Rahmen der Komödie« (*Welt der Arbeit*, 1. 8. 1952).

Während des *Woyzek*-Gastspiels der Kammerspiele in Venedig Ende September 1952 stürzte die Giehse stolpernd in die Gondel, während alle anderen Kammerspieler mit anmutiger Grandezza völlig problemlos in die nur sachte hin und her schaukelnden Boote hüpften. Viel Gelächter derer, die sie wieder hochzuhieven hatten. Nicht einstudierte Fehltritte auf der Bühne sind dagegen gar nicht komisch.
Ostrowskis Bitter-Komödie *Wölfe und Schafe* erwies sich in der Inszenierung von Rudolf Noelte als ausgedehntes Trauerspiel, worunter auch die Giehse litt: »Noelte hatte an den Kammerspielen ein ausgezeichnetes Ensemble zur Verfügung, und man kann vermuten, daß gerade das ihn reizte, das Menschlich-Widerwärtige so mit der Zeitlupe herauszupräparieren. Aber bei der von ihm in einen Rollstuhl verwiesenen Mursawetzkaja führte das zu jenen routinierten mimischen Großaufnahmen, die wir bei der sonst bewundernswerten Therese Giehse fürchten gelernt haben: Auch diesmal legte sich

*Oben:*
*Therese Giehse als Frau Fielitz in »Der rote Hahn« von Gerhart Hauptmann, Kammerspiele München, 1962, Regie: Hans Schweikart*

*Linke Seite:*
*Therese Giehse als »Philomena Marturano« von Eduardo de Filippo, Kammerspiele München, 1952*

*Oben:*
*Robert Graf und Therese Giehse in »Der Wald« von Ostrowskij, Kammerspiele München, 1956, Regie: Hans Schweikart*

*Rechte Seite:*
*Therese Giehse als Claire Zachanassian in »Der Besuch der alten Dame« von Friedrich Dürrenmatt, Uraufführung 1956*

das ›Gekonnte‹ breit über die Figur der heuchlerischen Alten; virtuos spielte sie in ihrer unsichtbaren Tiefkühltruhe und von einer ›Entfrostung‹ war bis zum Fallen des letzten Vorhangs noch immer nicht die Rede« (*Süddeutsche Zeitung*, 16. 1. 1964).
Der Kritiker spürte hier den Widerstand der Giehse gegenüber Rudolf Noelte, dessen Qualität als Regisseur sie trotzdem hoch bewertet: »Wir sind so sehr verschieden, daß ich mit weniger qualifizierten Leuten, die mir nicht dazwischen reden, viel besser arbeiten kann.«
Als »Spezialität« der Giehse in den fünfziger und sechziger Jahren aber galten Dürrenmatt-Rollen. Mit dem *Besuch der alten Dame* am 29. 1. 1956 begann eine Folge Zürcher Dürrenmatt-Uraufführungen für sie. Sie spielte die rachsüchtige Dollarmilliardärin Claire Zachanassian, in *Besuch der alten Dame*, die Ottilie in *Frank V.*, die verrückte Irrenärztin Mathilde von Zahnd in *Die Physiker* und Frau Nomsen im *Meteor* und später alle diese Rollen in der Regie von

Hans Schweikart auch in München. Sie nennt es mehr Zufall, nicht Plan und Absicht, daß sie so viel Dürrematt spielte. »Er ist Schweizer, ich lebte viel in der Schweiz – das ist nun mal kein großes Land. Wir kannten uns gut, waren befreundet, da hat es sich halt so gefunden.«

*Den Besuch der alten Dame* hält die Giehse für Dürrenmatts »bei weitem bestes und sein einziges wirklich gutes Stück. Er ist ein mehr journalistischer Schriftsteller, er wirft die Probleme auf, jongliert mit ihnen sehr amüsant herum, ohne sie wirklich anzupacken. Dabei ist er witzig und hat viel hintergründigen Humor – vor allem aber schreibt er Rollen, daß einem Schauspieler das Spielerherz im Leibe lacht.«

Eine Rolle schrieb Dürrenmatt für die Giehse um und auf sie zu: die Irrenärztin Fräulein Doktor Mathilde von Zahnd in seinem Stück *Die Physiker*. Bei einem ihrer Besuche las die Giehse das neue Stück und fand von allen Rollen die des Irrenarztes am begehrenswertesten. Das sagte sie Dürrenmatt. Daraufhin verwandelte dieser in einer Nacht den Mann in eine Frau. Ein spontaner Einfall, der sich für beide lohnte: die verbuckelte Irrenärztin gehört auf der Bühne und im Fernsehen zu den viel bewunderten Glanzleistungen der Giehse.

Bei der Fernsehaufzeichnung von den *Physikern* 1963 nahm man für den Giehse-Film von Georg Friedel: »Portrait einer Schauspielerin« Teile aus der Probenarbeit auf. Die Giehse reagierte auf alle Regieanweisungen, die ihr teilweise anscheinend wenig in das eigene Konzept paßten, in bereitwilligster Profi-Haltung, u.a. mit dem Satz: »Von mir aus können wir auch ganz anders. Ich tu' meine Rollen schon ganz gern ein bißchen auslüften.«

Vor der Kamera zu spielen ist für die Giehse von vornherein eine mehr technische als künstlerische Sache. Das Spiel für Millionen vor der Kamera hat für sie nur einen sehr begrenzten Reiz. Das Spiel auf der Bühne für einige hundert lebendige Menschen unten im Parkett ist für sie ein Vergnügen ohne Ende: die ständig neue Herausforderung. Die Giehse wächst am Widerstand. »Na, dann wollen wir den Herrschaften mal was bieten«, ist fast geflügeltes Giehse-Wort vor Beginn einer Vorstellung. Und bieten tut sie immer was, Schlummerlieder singt sie ihren Zuschauern nicht. Therese Giehse ist die seltene Ausnahme einer Schauspielerin, die beim Publikum beliebt ist, obwohl sie es ihm nicht leicht macht. Sie ermöglicht es den Zuschauern zu lachen, selbst wenn sie sie das Gruseln lehrt. Und mit äußerster Raffinesse merkt sie stehts alles Komische um sich selbst herum. In der Münchner Aufführung von *Besuch der alten Dame*

war u. a. Paul Esser ihr Partner. Für Freunde fragte die Giehse im Theaterbüro um Karten nach, die sie nicht bekam, weil die Vorstellung ausverkauft war. Freundlich belehrte sie Paul Esser, der davon erfuhr: »Das müssen Sie sich merken, Frau Giehse, wenn ich spiele, sind die Vorstellungen immer ausverkauft.«
Der Umgang mit Schauspieler-Eitelkeiten will gelernt sein. Den ganzen Jahrmarkt dieser Eitelkeiten nicht mitzumachen, fiel der Giehse niemals schwer. Bei einer Umfrage nach der wichtigsten Rolle der Spielsaison 1965/66, die andere Schauspieler zu ausführlicher Selbstbespiegelung benutzten, erklärte die Giehse knapp: »Die wichtigste Rolle war für mich die Abortfrau in Dürrenmatts *Meteor*, weil sie so zwielichtig ist.«
Sehr gegen ihren Willen rückte sie 1955 ins grelle Scheinwerferlicht: für ihre Leistung in Laszlo Benedeks leidenschaftlichem Anti-Kriegsplädoyer: *Kinder, Mütter und ein General* wurde sie mit dem Filmband in Silber ausgezeichnet. Sie spielte darin u. a. mit

*Therese Giehse*
*als Fräulein Dr. Mathilde von Zahnd*
*in »Die Physiker«*
*von Friedrich Dürrenmatt*
*Kammerspiele München, 1962,*
*Regie: Hans Schweikart*

*Folgende Seiten:*
*Therese Giehse als Frau Oberst Hühnerwadel in »Musik« von Frank Wedekind,*
*Kammerspiele München, 1965,*
*Regie: Hans Schweikart*
*Therese Giehse als Frau Yang in »Der gute Mensch von Sezuan«*
*von Bertolt Brecht,*
*Kammerspiele München, 1955*

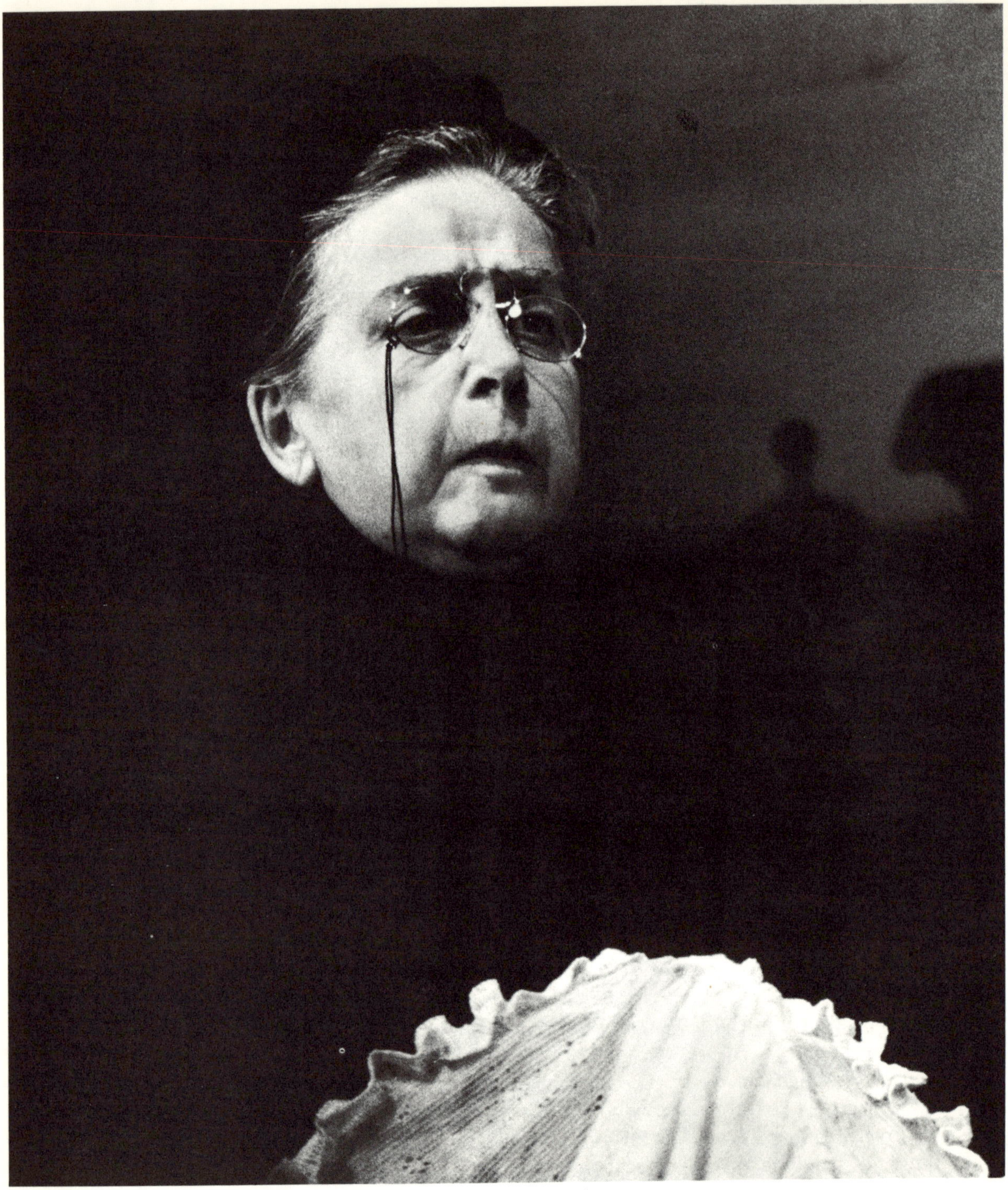

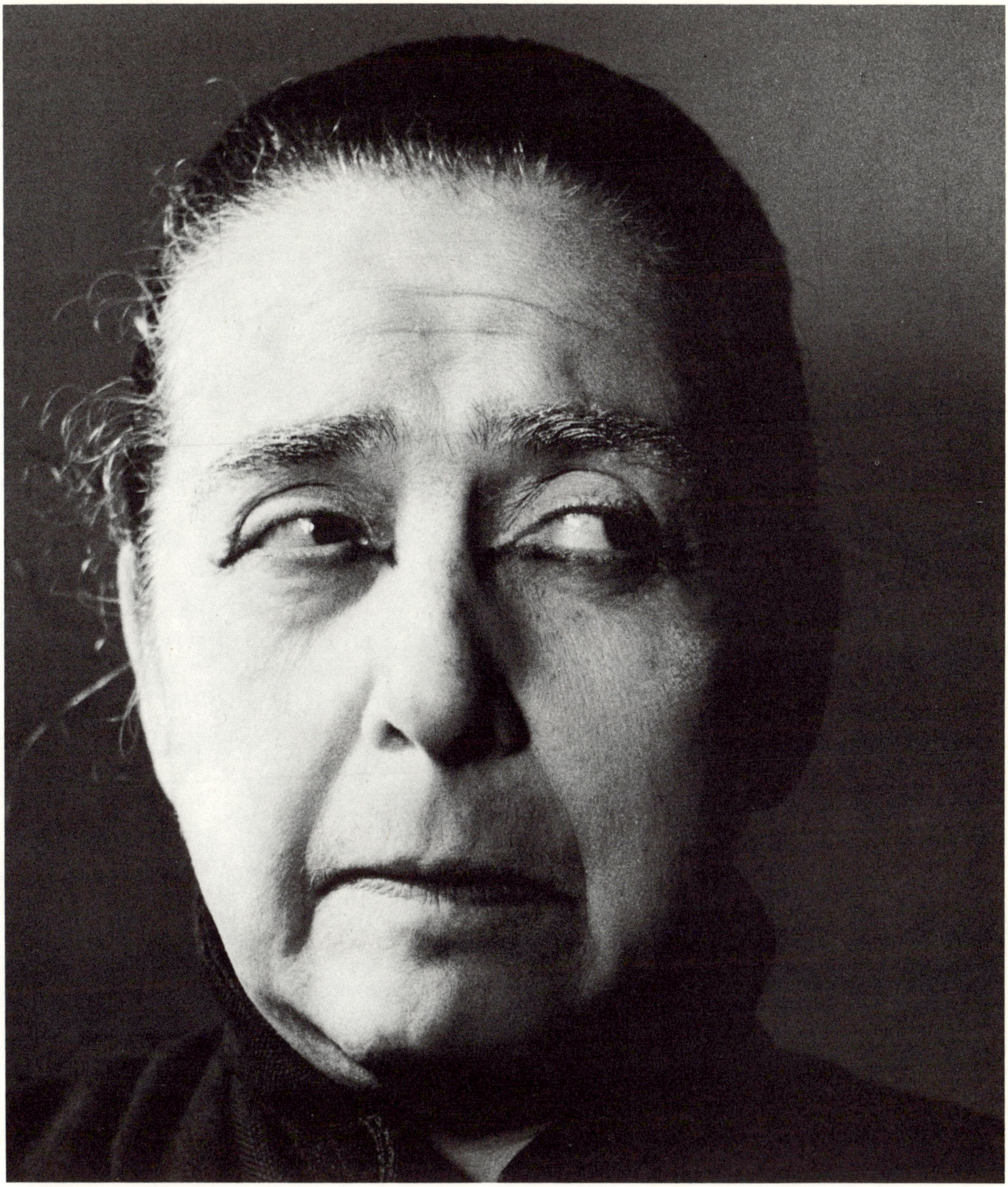

*Therese Giehse*
*als Frau Nickel in »Der Sohn«*
*von Gert Hofmann,*
*Uraufführung an den Kammer-*
*spielen München, 1965*

Ursula Herking, Hilde Krahl, Bernhard Wicki und Maximilian Schell, eine der Mütter, die ihre in Uniform gesteckten und für den Heldentod bestimmten Kinder von der Front zurück nach Hause holen. 1964 bekam die Giehse dann den »Preis der Internationalen Fernsehspiele von Monte Carlo« für ihre Darstellung der *Wassa Schelesnowa* in Monks Fernsehinszenierung. Sie fuhr nicht hin, die Auszeichnung abzuholen. Die Siegestrophäe, »eine aus Edelmetall künstlerisch gestaltete Scheußlichkeit«, wog so schwer, daß die Giehse ihr Fernbleiben vom Festival noch tagelang danach genoß: »Was hätt' ich mich mit dem Ding sonst abplagen müssen.« Andere laufen den Preisen und Auszeichnungen hinterher, die Giehse läuft ihnen eher davon: »Sesam öffne dich – ich möchte *hinaus.*« Der polnische Satiriker Lec hat formuliert, was für die Giehse gilt: immer der andere Weg, stets gegen den Strom.
Das Theater wurde für sie, nach Jahren der Stagnation und Verschlafenheit, erst wieder interessant, als die Jungen kamen; die studentischen Rebellen auf die Straße gingen; Peter Stein, Martin Sperr, Franz Xaver Kroetz und andere mit ihrer Theaterarbeit begannen. 1968 war die Giehse 70 Jahre alt, aber wie eh und je bereit zu einem neuen Anfang.

## *Zusammenarbeit mit den Jungen*

»Ich bin auf die Jungen zugegangen« – nichts selbstverständlicher als das, jedenfalls für die Giehse. 1965 arbeiteten Therese Giehse und Peter Stein bei der Molière-Inszenierung von *Heirat wider Willen* zum erstenmal zusammen. Die Giehse führte Regie, assistiert von Stein: »ein schmales Jüngelchen, neben mir noch schmaler, aufmerksam, wach, genau und beglückend gescheit – wir verstanden uns gleich«. Die Aufführung wurde ein Erfolg, war keine aufsehenerregende Sache, Regieambitionen hatte die Giehse nie. Daß sie, wenn es sein mußte, inszenieren konnte, hatte sie schon in der Pfeffermühlen-Zeit bewiesen und bei Brecht in Berlin überzeugend gezeigt. Aber sie war eine Schauspielerin, wollte spielen.

Brechts Intendantenangebot nahm sie mehr als Scherz denn wirklich ernst: »Die Helli war für eine Theaterdirektorin sehr geeignet, ich nicht. Mir fehlte jedes Interesse daran, ein Theater zu verwalten und zu führen. Ich wollte nie anderes als spielen, aber nie eine Frau Intendant.«

Peter Stein hatte in Frankfurt und München Germanistik und Kunstgeschichte studiert und begann dann an der Münchner Studiobühne 1959 zu spielen und zu inszenieren. 1964 holte ihn Dieter Giesing, der ihn aus früherer gemeinsamer Arbeit gut kannte, an die Kammerspiele. Hier war seit 1963 August Everding der Intendant des Hauses, einst Assistent bei Schweikart und nach dessen Ausscheiden sein Nachfolger. Bei Übernahme der Kammerspiele war August Everding erst 34 Jahre alt, eine vielleicht günstige Voraussetzung für eine Theaterarbeit mit jungen Leuten und neuen Ideen; nach Reformen wurde überall im Lande verlangt.

Inmitten des mit verblüffender Schnelligkeit etablierten Wohlstandlebens deutete sich lautes Unbehagen und rebellische Unruhe an. Die im Kriege Geborenen waren 1963 erwachsen: sie forderten Antworten auf viele unbequeme Fragen. In Bonn, noch immer die »proviso-

rische Hauptstadt« der Bundesrepublik, fand 1963 ein Regierungswechsel statt; »der Vater des deutschen Wirtschaftswunders« Ludwig Erhard löste Konrad Adenauer als Kanzler ab. 1966 war das Jahr der Krise: das fröhlich intakte Wohlstandsleben erwies sich als brüchig, die stabile D-Mark als schwindsüchtig. Am 1. 12. 1966 wurde in Bonn die Große Koalition gebildet, das Unbehagen über die Entwicklung im Lande verstärkte sich. Die außerparlamentarische Opposition, die APO, wurde größer. Die zornige Empörung über den Vietnamkrieg brachte die Jungen endgültig auf die Straße: Demonstrationen, Protestaktionen, »sit-ins«, Unruhe, Aufruhr – Polizeigewalt. Am 2. 6. 1967 wurde bei einer Anti-Schah-Demonstration in Berlin der Student Benno Ohnesorg von einem Polizeibeamten erschossen, am 11. 4. 1968 ein Mordanschlag auf Rudi Dutschke verübt. Es folgten große Unruhen und Anti-Springer-Aktionen quer durch das ganze Bundesgebiet.
Dieser Aufstand der Jungen blieb nicht ohne Folgen auf die Theater. Im Kammerspielhaus versuchten junge Theaterleute die Ereignisse der Zeit zu reflektieren und den Protest, der auch ihr eigener war, zu unterstützen. Aber seit den Tagen Otto Falckenbergs hatte sich die Struktur der Kammerspiele grundlegend geändert. Das ehemalige Privattheater war 1938 zu einer städtischen Bühne geworden, subventioniert mit öffentlichen Geldern. Aus Otto Falckenbergs genialem Improvisationstheater, das die Schwabinger Bohemien-Unbekümmertheit nie ganz verlor, war mit den Jahren und zunehmender Normalisierung des Nachkriegslebens ein städtisches Theater-Institut geworden, ausgeliefert deutscher Beamten-Bürokratie. Hier im Sinne Otto Falckenbergs weiter Theater zu machen, weiter zu protestieren, hätte es eines Theatermannes von größter Qualität und außerordentlichem Können bedurft. Unter der Intendanz von August Everding konnte der Protest nicht laut werden.
Nach Meinung der Giehse wäre Peter Stein, der bei der Diskussion um die Nachfolge Everdings im Frühjahr 1971 gar nicht erst in die engere Auswahl kam, »im historischen Prozeß der Kammerspiele der jetzt notwendige und richtige Intendant gewesen«.
Schon Steins erste Inszenierung: *Gerettet* von Edward Bond in der Bearbeitung des jungen, bayerischen Dramatikers Martin Sperr – hatte weit über München hinaus Aufsehen erregt und größte Anerkennung gefunden. Ein Jahr später bewies Stein am 9. 3. 1968 mit seiner Brecht-Inszenierung: *Im Dickicht der Städte*, daß sein erster »großer Wurf« nicht Zufall, sondern Beginn der Theaterarbeit eines außergewöhnlichen Regisseurs und Theatermannes war. Bei seiner dritten Inszenierung: *Vietnam-Diskurs* von Peter Weiss im Juli 1968

*Therese Giehse als Marha in der Uraufführung von Martin Sperrs »Landshuter Erzählungen«, Kammerspiele München, 1967, Regie: August Everding*

sprengte Stein die der Kunst zugebilligte Toleranzgrenze; er erklärte die von Schauspielern nach Schluß der Vorstellung durchgeführte Geldsammlung: *Waffen für Nordvietnam* zu einem Bestandteil seiner Inszenierung. Everding mußte als Hausherr der Kammerspiele im Auftrage der Stadt die »politische Aktion« im Theater verbieten. Peter Stein, nicht bereit, auf diesen Bestandteil seiner Inszenierung zu verzichten, verließ das Theater.

Zwei Jahre später gelang es Stein, nach einem mißglückten Versuch in Zürich, die in München begonnene Arbeit an der Schaubühne in Berlin fortzusetzen. In der Eröffnungspremiere des neugegründeten Schaubühnen-Kollektiv-Theaters spielte Theres Giehse die Mutter in Gorkis gleichnamigem Stück. Wieder half sie »ein linkes Theater anzuschieben«.

Weder im Fall Peter Stein noch in der drei Jahre später nachfolgenden Kipphardt-Affaire – zwei leere Seiten im Programmheft zu Wolf Biermanns »Dra-Dra«-Drachentöterschau wurden am 22. 4. 1971 zum Politikum – zeigte sich Everding der Herausforderung durch die progressiven Theaterleute, die ja nur Teil der allgemeinen Herausforderung an die Wohlstandsgesellschaft war, gewachsen: Erleichtert ließ er »die Rebellen«, die er selbst ins Haus geholt hatte, wieder gehen. Nach Steins Weggang lag das Werkraumtheater, die noch in der Intendanz Schweikart eröffnete Studiobühne der Kammerspiele, meistens brach; nach Kipphardts Ausscheiden folgte der Auszug der Jungen. Die auf Veränderung drängten, gingen im Zorn. Everding selbst entschloß sich, die Intendanz der Hamburger Staatsoper zu übernehmen.

Verständlich, daß die Giehse nicht zu Everdings Freunden zählt: »Diese ganzen Ereignisse haben mich damals sehr krank gemacht. Ich bin ja in diesem Haus alt geworden. Ich kenne die Funktion und Bedeutung der Kammerspiele von früher und sehe, was jetzt ist. Otto Falckenberg, Erich Engel, Hans Schweikart – sie alle fühlten sich dem Haus verpflichtet. Sie waren nicht bequeme Theaterdirektoren, gingen nie den Weg des geringsten Widerstandes. Jeder, der die Kammerspiele als Sprungbrett für die weitere Karriere oder als Vorstufe für eine Opernhausindentanz benutzt, mißversteht den Auftrag, den im Namen der Kunst, der Wahrhaftigkeit. Man darf an den Kammerspielen nicht gefälliges, bequemes Stadttheater machen, oder man macht sie kaputt.«

Da die Giehse frühzeitig merkte, wohin Everdings Weg führen mußte, fühlte sie sich in den letzten Jahren seiner Intendanz an den Kammerspielen »meistens mies«. Sie sah in den protestierenden Jungen eine Hoffnung, nicht nur für das Theater, sondern vor allem

für eine menschlichere Welt. Sie spielte die Marha in Martin Sperrs *Landshuter Erzählungen*, deren Uraufführung in Everdings Inszenierung zu einem nicht gewollten Volksfest mißriet, die Tagelöhnerin Barbara in seinen *Jagdszenen aus Niederbayern*; sie machte in Christian Enzensbergers Wagner-Parodie: *Der Ring des Nibelungen*, bei kollektiven Regieversuchen, Mitbestimmungsdiskussionen, den Sitzungen, Besprechungen und Entwürfen der Jungen mit. Sie blieb wie immer skeptisch, aber sie blieb wie immer dabei. Am 12. 4. 1968 las die Giehse auf einer Veranstaltung zum Thema *Vietnam und Deutschland* nicht nur Texte von Brecht, sondern auch den Aufruf der Kampagne für Demokratie und Abrüstung zum Ostermarsch 1968.

Wenige Wochen zuvor war es ganz ohne die Einwilligung der Giehse gelungen, ihren 70. Geburtstag öffentlich zu feiern. Am 6. März 1968 waren die aufsässigen Theatererneuerer noch alle im Haus. Da die Prophetin nicht zum Berge kam, machte sich das Ensemble der

*Oben:*
*Doris Schade, Therese Giehse und Hanne Hiob in »Der Ring des Nibelungen« nach Richard Wagner von Christian Enzensberger, Werkraumtheater der Kammerspiele, 1971*

*Linke Seite:*
*Therese Giehse als Barbara und Hansi Brenner als Abram in »Jagdszenen aus Niederbayern« von Martin Sperr, Kammerspiele München, 1969, Regie: Ulrich Heising*

*Therese Giehse als Martha Brewster und Grete Mosheim als Tilchen Ley in »Arsen und Spitzenhäubchen« von Joseph Kesselring, Kammerspiele München, 1969*

Kammerspiele geschlossen zu seiner störrischsten Schauspielerin auf. Nach ihrem Brecht-Abend im Werkraumtheater erstürmten die Gratulanten die kleine Bühne: zur lauten Freude des Publikums mußte sich die Giehse auf offener Bühne feiern lassen. Everding hielt eine seiner kleinen, launigen Reden, Martin Sperr sagte ein Versl auf; die älteren Kollegen schmunzelten gerührt vor sich hin, die »zornigen Jungen« waren alle sanft wie Lämmer und fast ein bißchen verlegen. Die Giehse, völlig überrumpelt, blieb auch hier gelassen. »Was das für ein Theater ist.« – »Es war ein sehr schönes Fest«, sagte sie später, doch gerührt.

*Der 70. Geburtstag der Giehse wird auf offener Bühne gefeiert. August Everding gratuliert. Peter Stein tritt vor. Martin Sperr sagt ein Versl auf.*

## *Peter Stein und die Schaubühne: Die Berliner »Mutter«-Aufführung*

Therese Giehses Favorit als Regisseur ist Peter Stein: »Er geht mit Brecht.« Das Genie läßt sie – im Gegensatz zu vielen Linken – gelten: »Das Gerede von der Primadonnenwirtschaft ist doch Quatsch. Stein ist nun mal der Beste. Keiner kann so viel wie er. Wenn der Stein einen Stuhl auf der Bühne verrückt, so ist das ein Ereignis, macht das ein anderer, so wird halt nur ein Stuhl verrückt.«

Aber sie lobt Stein, ohne das Kollektiv zu mißachten: »Ich habe viel vom Schaubühnen-Kollektiv gelernt, sehr viel. Einfach war es nicht, aber dann habe ich die Jungen doch verstanden.«

Die Giehse lernte an der Schaubühne doppelt, als Pelagea Wlassowa im Stück, als Therese Giehse in der Arbeit. Beide Lernprozesse waren für sie »bis zum aufgeben wollen« schwer, beide hat sie durchgestanden. *Mutter Courage* und *Wassa Schelesnowa* sind ihre Lieblingsrollen, die ihr liebste Theaterarbeit aber war die Arbeit an der *Mutter*. Sie spricht stets von »Steins schönster Arbeit«, obwohl es eine Teamarbeit und Stein einer von drei Regisseuren war: Wolfgang Schwiedrzik, Frank Steckel, Peter Stein. Peter Stein heißt ihre Achillesferse, hier ist sie verwundbar. Er ist und bleibt ihr Lieblingskind und dafür hat sie gute Gründe: »Stein ist ein großer Erneuerer, ein Nachdichter: phantasievoll, ehrlich, genau in der Arbeit – kein leichtfertiger Schummler. Bei ihm ist alles überprüfbar, bei ihm ist alles ehrlich. Er zerlegt ein Stück genau, reißt es auf, seziert es mit ungeheurer Neugierde. Stein kann richtig neugierig sein. Er will ein Stück ganz kennenlernen. Er macht das Stück deutlich, blättert es auf, mit all seiner Neugier und Phantasie, aber er verändert es nicht. Das Stück ist da, man muß es nur lebendig machen. Das tut der Stein. Und er ist sanft. Er schleicht sich in die eigene Arbeitsweise ein, so daß man sich auch in seiner Art des Arbeitens mühelos zurechtfinden kann. Die Probenarbeit ist locker. Es wird auch gelacht. Das ist gut. Man muß nicht schwitzen vor Anstrengung. Stein hat viel von

Brecht, ist ihm in der Arbeitsweise ähnlich. Ich bin nun mal eingeschworen auf die zwei.«

Die Giehse liebt nicht nur den Stein, sondern auch das Stück *Die Mutter*, geschrieben von Brecht nach Maxim Gorkis Roman. Sein genauer Titel: *Die Mutter – Leben der Revolutionärin Pelagea Wlassowa aus Twer.* Die Dichter ihrer zwei Lieblingsrollen – wobei Brecht von allen für sie unerreicht geblieben ist – »An seine Sprache reicht kein zweiter 'ran« –, haben sich in der *Mutter* zu einem Stück, für eine Rolle vereinigt. Die Giehse war 72 Jahre alt, als sie die Pelagea Wlassowa im Herbst und Winter 1970 in Berlin zum erstenmal spielte, in 68 En-suite-Vorstellungen.

Mehr als das Mitbestimmungsmodell der Schaubühne und der Kollektiv-Charakter des Theaters – »das war bei Falckenberg und Brecht nicht anders, nur hieß das Kollektiv: Ensemble« – imponierte ihr »der Ernst und die Qualität der Schaubühnenleute«. Im Gegensatz zu ihrer sonstigen Nüchternheit können Edith Clever und Jutta Lampe sie geradezu hemmungslos ins Schwärmen bringen: »Zwei solche Schauspielerinnen hat es seit Jahren in Deutschland nicht gegeben. Ein Theater, das zwei solche außerordentliche Begabungen im Haus hat, teils konkurrierend, teils verschieden, ist ein sehr beneidenswertes Haus. Ich hatte in der *Mutter* doch den Dialog mit der Hausfrau, also mit der Clever – mit ihr zusammen zu spielen war beglückend, ein wahrhaftiger Genuß.« Die *Mutter* ist für sie die bisher beste Aufführung der Schaubühne: »Nicht, weil ich gespielt hab', sondern vom Ganzen her. Es war auch die dienlichste Aufführung fürs Publikum. Und einen solchen Anfang hat's noch nicht gegeben: da sitzen wir auf der Bühne, gehen vor, beginnen zu lesen, zu denken – da muß man gar nichts spielen, da formt sich die Figur, das einzelne und das Ganze wie von selbst.«

Das Stück zeigt Ereignisse aus der russischen Revolution, nicht der von 1917, sondern der von 1905, der ersten, gescheiterten. Pelagea Wlassowa ist zu Beginn eine Proletarierin, die an eine Veränderung der Verhältnisse nicht glaubt. Sie lernt; erkennt, daß die Menschen und die Verhältnisse veränderbar sind, wird zu einer bewußten Revolutionärin. Am Ende bleibt sie ohne Gefolgschaft, aber sie gibt nicht auf:

> »Wer noch lebt, sage nicht niemals!
> Das Sichere ist nicht sicher
> So, wie es ist, bleibt es nicht.
> Wenn die Herrschenden gesprochen haben
> Werden die Beherrschten sprechen.
> Wer wagt zu sagen niemals?

1. Mai 1905

An wem liegt es, wenn die Unterdrückung bleibt? An uns.
An wem liegt es, wenn sie zerbrochen wird? Ebenfalls an uns.
Wer niedergeschlagen wird, der erhebe sich!
Wer verloren ist, kämpfe!
Wer seine Lage erkannt hat, wie soll der aufzuhalten sein?
Denn die Besiegten von heute sind die Sieger von morgen
Und aus niemals wird: heute noch.«

Die Giehse über ihre Rolle: »Pelagea Wlassowa wollte zuerst sein wie alle Mütter, besorgt um ihren Jungen, aber das war nicht genug. Sie hat das Politische gelernt, ist aktiv geworden, ging mit den Revolutionären. Am Anfang waren auch Erfolge, scheinbare Siege, aber dann merkt sie: sie ist allein. Sie bittet die Leute inständig, nicht aufzugeben, aber sie hat wenig Erfolg damit. Das ist ungeheuer traurig. Der historische Erfolg stellte sich zwar ein, aber ihre Situation ist eine traurige: sie steht am Ende allein, sie hat keine Gefolgschaft.«

Das Schaubühnen-Kollektiv über die Darstellung der Pelagea Wlassowa durch die Giehse, entnommen dem Regiebuch der *Mutter*-Inszenierung:

»Was zeigt Therese Giehse in der Rolle der Mutter Pelagea Wlassowa? In vielen Details zeigt sie die praktische Beziehung der Proletarierin zu ihrer Welt: wenn ihr in der Küche des Lehrers der Schlafplatz angewiesen wird, dreht sie als erstes den Strohsack um, schüttelt ihn auf; wenn ihr die Hausbesitzerin einen Topf Suppe bringt, lüpft sie den Deckel, steckt schnüffelnd die Nase hinein; wenn sie sich von ihrem Lager erhebt, legt sie sorgfältig die Ränder ihres schwarzen Tuches aufeinander, wirft es mit der Selbstverständlichkeit oft geübter Praxis um die Schultern; wenn sie in der Küche des Gutsmetzgers hungrig ihre Suppe ißt, dann so, wie es am schnellsten geht: sie faßt den Löffel kurz am Stiel, schiebt ihn mit der Spitze voran in den Mund, so daß die Suppe von oben in den Rachen läuft, nimmt den Teller in die Hand, gießt den Rest auf den Löffel, leckt dann die Rückseite des Löffels ab, damit nichts verlorengeht. Durch einfache, große Gesten zeigt die Giehse die verschiedenen Stimmungen und Haltungen der Wlassowa: resigniert lüpft sie den Deckel des Töpfchens, wenn sie über die zu dünne Suppe für ihren Pawel spricht; auffordernd stößt sie mit dem Topf an das Buch des Lesenden, vorsichtig seine Aufmerksamkeit erheischend; mit verschränkten Armen wartet sie auf die Reaktion des Jungen; dann trollt sie sich, setzt sich krummrückig nieder, faltet die Hände im Schoß ihrer Schürze; gibt sich einen Ruck, stützt die Hände auf die Knie, steht störrisch wieder auf; lamentierend schlägt sie, ihr Elend beklagend, die Arme vor die Brust; ärgerlich, unzufrieden mit sich und der

*Die »Mutter«-Aufführung der Schaubühne am Halleschen Ufer, Berlin, 1970, Team-Regie: Schwiedrzik, Steckel, Stein*

*Therese Giehse als Pelagea Wlassowa inmitten der jungen Revolutionäre in der »Mutter«-Aufführung der Schaubühne, 1970*

*Folgende Seiten: Therese Giehse als Pelagea Wlassowa beim Suppeessen in der gleichen Inszenierung*

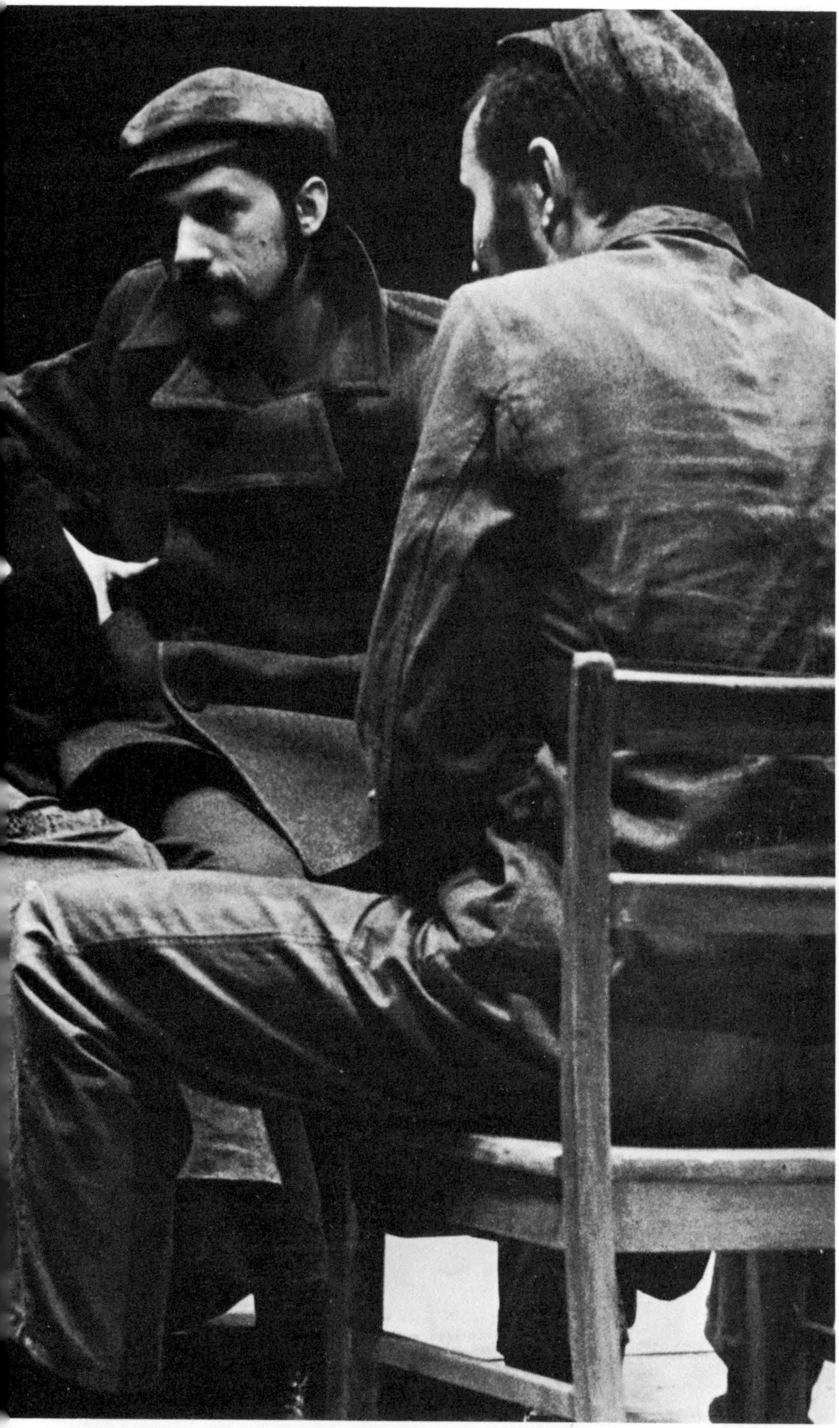

Situation legt sie die Hand an die Backe, wenn Pawel mit seinen Freunden so leise redet; wenn die Polizisten ihre Wohnung demolieren, bläst sie bös die Backen auf, aber ihre Arme hängen schlaff herab; und einmal entschlossen, in ihrer Essenstasche die Flugblätter in die Fabrik zu schmuggeln, verbeugt sie sich vor der Tasche, bekreuzigt sich, ehe sie die Blätter einpackt ... Therese Giehse zeigt die Wlassowa als sehr menschliche Gestalt, humorvoll und mürrisch, gütig und zornig, müde und kämpferisch. Dabei ist diese Mutter von Anfang bis Ende eine Proletarierin, aber sie ändert ihre Praxis (und über diesen Vorgang demonstriert die Aufführung den Bewußtseinsprozeß der Wlassowa, als praktischen, nicht als psychologischen): ihre Menschlichkeit wird kämpferisch, ihre Güte solidarisch, ihre Mütterlichkeit revolutionär. Die Überzeugungskraft, die die Giehse der Figur der Mutter mit ihren großen schauspielerischen Mitteln erspielt, wird agitatorisch genutzt: indem die Aufführung dem Zuschauer anbietet, sich mit der Menschlichkeit der Proletarierin Wlassowa zu solidarisieren, bietet sie ihm auch an, den Denk- und Lernprozeß der Wlassowa mitzudenken und mitzulernen ...«

Im Gegensatz zu der Theaterkritik schien das – überwiegend junge – Publikum dazu mit großer Ernsthaftigkeit bereit. Die Kritik wußte, bis auf nur wenige Ausnahmen, mit Stück und Aufführung nichts anzufangen. Yaak Karsunke stellte im Regiebuch eine hübsche Sammlung pädagogischer Kritiker-Belehrung für die Schaubühnenleute zusammen:

»... ein längst unanstößiges, auf klassische Weise entferntes und entleertes Stück ...« *Die Welt.*

»... an sich eher naiv und überholt ...« *Bremer Nachrichten.*

»... die Vorführung einer schönen, dicken, alten Taschenuhr, die trotz ihres kunstvollen Werks und früherer Nützlichkeit längst aus dem Verkehr gezogen ist ...« *AZ,* München.

»... Diesem Theater fehlt 1970 in der Bundesrepublik ganz einfach der direkte gesellschaftliche Bezug ...« *Bonner Rundschau.*

»... Die Nachkommen der Wlassowa haben dort, wo sie einst standen, nichts mehr zu suchen ...« *Christ und Welt.*

»... Das Genie unter den Regisseuren, Peter Stein, hat sich im Kollektiv offenbar gegen seine Kollegen Steckel und Schwiedrzik nicht durchsetzen können ...« *Nürnberger Zeitung.*

»... Doch auch beim Publikum den Lernprozeß, daß über angenehmen sozialen Reformen die Revolution nicht vergessen werden darf, in Gang zu bringen – das gelingt mit diesem Stück selbst der Giehse nicht ...« *Augsburger Allgemeine.*

*Der Brecht-Abend der Giehse*

*Während einer Probe des Brecht-Abends der Giehse im Berliner Ensemble, 1973*

Zu einer städtischen Feierlichkeit erbat die Stadt München die Mitwirkung der Giehse. Gründlich, wie sie immer ist, wurde der Brecht-Abend daraus, der erste von dreien. Kurz nach seiner Premiere am 27. 6. 1966 im Cuvilliéstheater, wurde er ins Werkraumtheater der Kammerspiele übernommen und hat dort seither seinen festen Platz. Der zweite Brecht-Abend folgte zu Brechts 70. Geburtstag am 10. 2. 1968 und der dritte am 3. 9. 1971. Brecht-Texte gelesen und gesungen von Therese Giehse, begleitet von Peter Fischer am Gitarrenklavier, auch Wanzenklavier genannt – das ist: *Der Brecht-Abend der Giehse,* weder Vortrags- noch Theaterabend. Eine schöne Definition fand Peter Stein: »bietet uns Therese Giehse die Demonstration eines aus Gestaltung und Distanzierung, aus Behauptung und Frage, aus Begründung und Ergründung erwachsenden künstlerischen Schaffensprozesses«.

Bei jeder Auswahl wurden die Akzente neu gesetzt, die Texte um ein jeweils anderes Mittelstück gruppiert, um die *Legende von der Entstehung des Buches Taoteking auf dem Weg des Laotse in die Emigration* im ersten Abend; um *Der Spitzel* aus: *Furcht und Elend des Dritten Reiches* im zweiten; um *Der anachronistische Zug oder Freiheit und Democracy* im dritten, dem letzten Abend. Stärker als in den beiden ersten Zusammenstellungen kommt in diesem der Spötter zu Worte, der hinterlistig Herumalbernde, der kindlich Fragende. Die Giehse betont den nachdenklichen, den verhaltenen, den fast weisen Brecht. Sie liest ihn mit dem Engagement des Geistes, nicht dem des Herzens. Man ist nicht ergriffen, sondern hört begreifend zu, wenn sich hinter dem Titel *Fragen* ein wehmütiges Liebesgedicht verbirgt; wenn es heißt: »freundlich sein«.

Die poetische Gruselballade *Apfelböck oder die Lilie auf dem Felde,* mit der ironisierten Moritaten-Musik nach einer von Brecht gesungenen Melodie von Peter Fischer komponiert, zeigt einen Brecht, wie man ihn wenig kennt, einen Mann mit schwarzem Humor. Und gleich im nächsten Stück ist er ein ganz anderer: ein scharfer Satiriker, ein unerbittlicher Kämpfer, der immer Beunruhigte und Beunruhigende. Die Giehse konfrontiert Brecht mit Brecht, läßt den Fragenden antworten, den Antwortgebenden neu fragen. Ihr eigenes Staunen kommt Brecht ergänzend und ihm widersprechend hinzu. Der Brecht-Abend der Giehse ist auch eine Kostbarkeit praktisch angewandter Dialektik.

Kritiker haben oft bewundert, daß die Giehse liest, »als ob sie die Texte zum erstenmal kennenlernen würde«; sie lernt sie nicht zum erstenmal, aber immer neu kennen. Und immer neu ärgert sie, wenn bei Brecht etwas nicht stimmt. Der Oktober, der in *Orges Wunschli-*

*Berliner Ensemble, 1973, Probenfoto*

*Öffentliche Probe für den Brecht-Abend, Berliner Ensemble, 1973*

*ste* für einen Reim auf *Lober* zur Jahreszeit gemacht wird, ist eine ständige Herausforderung für die Giehse, weil sie mehr als Brechts geniale Schludereien die Genauigkeit doch liebt.
Den dritten Abend hält die Giehse selbst für ihren besten: »Er ist eine Zusammenfassung aus den Brecht-Abenden I und II, die eigentlich schönste Auswahl, die wesentliche. Es sind alle Texte hinaus, die nicht mehr so nötig sind, andere sind neu dazu gekommen.« Neu ist auch der Schluß des Abends, das kleine Gedicht, das sie am Ende liest:

»Ich benötige keinen Grabstein, aber
Wenn ihr einen für mich benötigt
Wünschte ich, es stünde darauf:
Er hat Vorschläge gemacht. Wir
haben sie angenommen.
Durch eine solche Inschrift wären
Wir alle geehrt.«

Sie sagt das so sachlich und entschieden, daß – wer sie liebt – ihre Vorschläge nur annehmen kann. Den Brecht-Abend gibt sie oft, in München, Hamburg, Berlin, Zürich und Paris – die beeindruckendste Begegnung mit dem Publikum war für sie: »Das Zusammentreffen mit den jungen Leuten im Berliner Ensemble. Das war nicht bloß anhören und zuhören, sie kannten die Texte, sie wußten Bescheid. Da war ein Einverständnis möglich, wie es sich selten herstellen läßt. Da merkte man, wie sehr das Publikum helfen kann. Das Publikum im ›Ensemble‹ war eine große Unterstützung für mich. Da gibt man nicht nur etwas her, da kommt auch was zurück.«
Dem Berliner Gastspiel ging ein Münchner Vorspiel voraus. Ein Beauftragter der DDR-Künstleragentur kam angereist, um mit der Giehse den Vertrag und auch die Bühne zu besprechen:

»Wie soll die Bühne sein? Welche Wünsche haben Sie?«

»Daß man die Füß' nicht sieht, denn das ist eine komische Sache, wenn einer liest, was er dann mit den Füßen treibt. Das mit den Füß' ist mir sehr wichtig.«

»Das Tuch auf dem Tisch muß also bis zum Boden reichen. Wo soll der Tisch denn stehen?«

»Na in der Mitte, aber eigentlich ist's gleich.«

»Vielleicht sollten wir ihn etwas schräg auf die Seite stellen, rechts oder links?«

»Na, na – in die Mitte, einfach in die Mitte und gerade.«

»Und was brauchen Sie für einen Stuhl?«

»Halt einen Stuhl.«

»Einen Stuhl oder einen Sessel?«

»Na, kein Sessel, einen Stuhl.«
»Und wie soll der Stuhl sein?«
»Halt Stuhl, Stuhl auf dem man sitzen kann.«
»Und wie ist das mit dem Licht? Wie soll die Bühne ausgeleuchtet sein? Wollen Sie einen Lichtkegel haben?«
»Na, das Arbeitslicht, kein Kegel. Der Beleuchtungsmeister ist ja sehr gut – das kalte Brecht-Licht macht ihm keiner nach.«
»Sollen wir Ihnen eine Karaffe mit Wasser auf den Tisch stellen und ein Glas?«
»Stellen Sie's halt hin.«
»Ja, welchen Titel hat der Abend denn? Wie sollen wir ihn ankündigen?«
»Was meinen Sie mit Titel? Brecht halt, einfach Brecht-Abend.«

Der Mann ging sehr unbefriedigt, sein Notizblock war fast leer geblieben. Die Giehse, über das Gespräch entzückt, bedauerte beim Abschied freundlich, daß sie ihm »nicht mehr zu bieten hatte«.
Diesem Vorspiel folgte dann das Gastspiel im Berliner Ensemble, bei dem anscheinend niemand unbefriedigt blieb: »Keinerlei Schmuck auf der nackten Bühne. Der Rundhorizont stellt seine kalkfleckige Häßlichkeit aus, der Bühnenboden zeigt neutrales Grau. Ein kleiner Tisch steht vorn in der Mitte an der Rampe, ein Stuhl dahinter, rechts, etwas seitlich, ein Klavier. Dann kommt die Giehse, jubelnd begrüßt, setzt sich, spricht – und schlägt das vollbesetzte Haus fast zwei Stunden lang in ihren Bann. Alle Theatermaschinen schweigen, aller Schmuck ist abgetan, das Licht bleibt unverändert hell – aber es lebt der ganze Reichtum der Dichtkunst des Bertolt Brecht. Der Abend wird zu einem Triumph – für ihn, für Therese Giehse, für ihren Mitarbeiter Peter Fischer. Therese Giehse liest genau, langsam, bedächtig, ohne jeden Effekt ... Da gibt es nicht die leiseste Routine, keine Glätte, sondern eine spürbare, oft fast ›rauhe‹, stockend-staunende Auseinandersetzung mit den Gedichten Brechts. Und die Giehse zwingt alle Zuschauer in diese Auseinandersetzung hinein, läßt sie an einem ›Schöpfungsakt‹ teilnehmen, erschließt auch bei oft gehörten Texten Brechts plötzlich eine neue Nuance, einen noch nicht bemerkten geistigen Zusammenhang. Sie gliedert Sätze nüchtern, sachlich, aber wenn dann ein Wort hervorgehoben wird, wenn sich die Stimme plötzlich umfärbt, wird Erkenntnis geradezu blitzartig befördert. Die große Schauspielerin weist nach, daß denkerisches Vergnügen keine glatte Sache, nicht eine Angelegenheit spaßhaften Nebenbeis ist, sondern eine ›ernsthafte‹, schöne Arbeit, geboren aus Versenkung und Konzentration, wachsend aus der

Sammlung aller geistigen Kräfte, um sie zu mehren und vielfarbiger zu machen . . . Kein Wunder, daß Therese Giehse im Berliner Ensemble enthusiastisch gefeiert wurde, mit Jubelstürmen, die im Theateralltag nur alle paar Jahre einmal vorkommen. Eine Schauspielerin feierte diesen Erfolg, deren handwerklicher Adel, deren Genauigkeit und Versenkung ins dichterische Werk beispielhaft sind« (Christoph Funke, *Der Morgen*, 14. Februar 1973).
Deutlicher noch formulierte Friedrich Dieckmann, Mitarbeiter am Berliner Ensemble, wie sehr das Giehse-Gastspiel gerade den Brecht-Kennern eine Belehrung gewesen war: »Sie haben uns einen neuen Begriff, ein neues Gefühl für den Dichter gegeben, auf den wir unsere Arbeit an diesem Theater zurückführen – Sie haben mit leichter und strenger Hand Schichten des Mißverständnisses, der Trübung und falschen Milderung abgenommen, die sich im Laufe der Jahre auf dem Bilde dieses Werks und dieses Dichters abgelagert hatten. Plötzlich wußten wir wieder, was das ist, was das sein soll: das Theater des ›Minimums‹ – ein Vortrag, der mit der leisen, genauen Artikulation ins Innere des Sinnes trifft und mit dem mindesten Aufwand die größten Wirkungen erzielt. Und plötzlich war alles das abgehoben, was sich in langen Jahren eingeschlichen hatte in hierorts – auch von uns selbst – geübte Brecht-Behandlung . . . Sie haben uns eine kräftige Arznei verabreicht wider alle Formalisierung und Aufweichung des Brechtschen Werkes; haben uns, mit einer Authentizität, wie sie nur aus völliger Souveränität wächst, Brecht als einen klar gemacht, dem man sich – heute wie früher – stellen muß, als den großen Herausforderer der Epoche.«

# III
# Therese Giehse
# im Gespräch

## *Fragen – Antworten – keine Antworten*
## *Zu den Gesprächen:*

Der nachfolgende Dialog ist eine Zusammenfassung aus vielen Gesprächen, die Therese Giehse und ich von November 1972 bis Juni 1973 miteinander führten.
Ich hatte dabei keine andere Absicht, als möglichst viel von ihr über sich selber zu erfahren; sie wollte mir schon helfen, aber möglichst wenig über sich selber reden.
Das war über das Nichtwollen in der Anfangsphase unserer Gespräche hinaus auch ein Nichtkönnen. Die Giehse lebt in der Gegenwart und findet sich zum Rückerinnern überaus widerstrebend und nur so weit bereit, als es zum Verständnis dieser Gegenwart von Bedeutung, gelegentlich unvermeidlich ist.
Da ich ein möglichst authentisches Buch über ihr Leben und ihre Arbeit schreiben wollte, war ich in jeder Hinsicht auf ihre Mitarbeit angewiesen.
Die Giehse verhielt sich äußerst geduldig, freute sich, wenn sie mir weiterhelfen konnte.
Unsere Gespräche waren für sie meistens anstrengend, oft quälend, nur selten ein wirkliches Vergnügen. Sie bestanden manchmal mehr aus Pausen als aus Sätzen. Therese Giehse – zu ernsthaft und zu genau – ist es nicht gegeben, ihr Leben in der Retrospektive in eine sentimentale Romanze: »Wie schön war doch die einstige Maienzeit« zu verfälschen. Meine Fragen, mein Wissenwollen erweckten Erinnerungen, die vielfach gar nicht schön und tief in ihr verborgen, Gefühle, die längst vergangen und fast vergessen waren. Für sie bedeuteten unsere Gespräche keinen unbeschwerten Spaziergang in die Vergangenheit, sondern einen qualvollen Prozeß des Sicherinnernmüssens. Trotzdem entwickelte sie eine Hilfsbereitschaft, daß ich – was ich angefangen hatte – auch zu Ende bringen mußte. Um sie nicht unnötig zu strapazieren und einen Mißbrauch ihrer sehr unterschiedlichen Erinnerungswilligkeit soweit mir möglich zu verhin-

dern, vermied ich von vornherein alle Fragen, auf die ich eine Antwort auch ohne sie finden konnte. Ich suchte mir in Theaterdramaturgien, Zeitungsarchiven, Büchern und Zeugenberichten zusammen, was ich als Grundlage für unsere Arbeit brauchte. Je mehr ich von ihr wußte, um so eher war die Giehse bereit, mir auch auf private Fragen Antwort zu geben.

Das Grundsätzliche in der Giehse ist schwer und ernst, wobei sie es liebt, die gewichtigen Dinge leicht, das Traurige lustig zu sagen. Ihr Witz ist herb, die Sprache spröde, ihr zuzuhören ein Genuß. Mehr als an ihren Verhaltensweisen ist an ihrer Sprache zu erkennen, wie es um ihr Wohlbefinden jeweils steht. Fühlt sie sich abgespannt, lustlos, müde, spricht sie sehr stark in ihrem heimatlichen Dialekt. Auch dann, wenn sie einen langen Gedanken auf eine kurze Formel, mit einem prägnanten Witz ihre Zuhörer zu Gelächter bringt.

Wach, interessiert und zu längerer Rede in klärender Diskussion bereit, gebraucht Therese Giehse auch privat die Brecht-Diktion, betont sie jedes einzelne Wort mit bestechender Sorgfalt, jeden Buchstaben mit fast klirrender Präzision. Sie genießt die Worte, die sie spricht.

Die Denkanstöße zum Erinnern gingen nicht immer von meinen Fragen aus.

## *Über die Liebe zu den Jungen und die Treue gegenüber den Freunden. Lob für Stein, Kritik an Fassbinder. Kitsch und Kunst. Das Kollektiv hat nicht immer recht. Eine rückständige Provinz braucht viele Talente.*

*Monika Sperr:* Mir ist aufgefallen, mit welch behutsamer Nachsicht Sie die Jungen und die Freunde behandeln. Manchen Film, manche Theateraufführung hätten Sie sich nie angeguckt, wäre nicht eine Ihnen nahestehende Schauspielerin, das Kind eines Freundes dabeigewesen. Die Jungen und die Freunde haben bei Ihnen fast unbegrenzt Kredit?
*Therese Giehse:* Die Jungen mehr als die Freunde. – Was habe ich durch sie nicht alles schon erleiden müssen an schlechten Filmen und schlechtem Theater. Aber deshalb kann ich doch nicht die Freunde wechseln; – ich bin ein unbelehrbar treuer Mensch. Ich brauchte mir ihr Schlechtes ja nicht anzuschauen, trotzdem tu' ich's immer wieder – da bin ich richtig masochistisch. Ich sage ihnen nach einer schlechten Darbietung dann schon, daß es sich für gute Freunde ziemt, einem manchmal auch etwas wirklich Erfreuliches zu bieten, aber oft geschieht das nicht. Dafür sind die Vorlagen meistens schon viel zu unerfreulich, als daß daraus was Gutes werden könnt'. – Sie haben recht, eigentlich sollte man sich das viele Schlechte nicht anschauen, aber ich komme gegen meine Freunde da nicht an. Sie sind so liebenswert, da kann ich einfach nicht streng sein.
*Monika Sperr:* Sie sagten, Sie sind ein treuer Mensch. Was verstehen Sie unter ›Treue‹?
*Therese Giehse:* Zu denen, für die man sich einmal entschieden hat, sehr standhaft halten, auch wenn es Schwierigkeiten bringt. Die Dinge, die man miteinander erlebt hat, bewahren. Es gibt eine Treue, die man den Freunden gegenüber halten kann, auch wenn man sich voneinander entfernt hat.
*Monika Sperr:* Zu Ihren Schauspieler-Freunden gehören auch Grete Mosheim und Hanne Hiob, die beide sehr verschieden von Ihnen sind.
*Therese Giehse:* Ich bin auch ein sehr verschiedener Mensch. Die

Mosheim ist gar nicht so anders, die hat einen bewundernswerten Eigensinn. Man denkt nur immer, weil sie sehr klein und zierlich ist, sie müßte was ganz Zerbrechliches sein. Es ist enorm, wie viele schlimme Püffe sie dabei schon ausgehalten hat. Und ihr Humor, der kann sich sehen lassen. Sie denkt beim Spielen, das gefällt mir auch. Sie ist überhaupt eine ganz wunderbare Schauspielerin.

*Monika Sperr:* Und Hanne Hiob? Sie kennen Sie schon lange?

*Therese Giehse:* Ich kenne sie durch Brecht, schon seit Zürich. Nach der »Wassa«-Premiere brachte er sie mit und sagte: »Das ist Hanne.« –

Sie ist ein sehr schwieriges Talent. Sie kommt selten zum Spielen, weil sie dauernd damit beschäftigt ist, die Rollen wieder zurückzugeben. Sie hat damit meistens recht; sie nimmt die Arbeit sehr genau und ist auch politisch ein bewußter Mensch. Die einzige, die Brechts Erbe in seinem Sinne zu verwalten versucht.

*Monika Sperr:* Sie kennen auch die anderen Kinder von Brecht?

*Therese Giehse:* Kaum. –

*Monika Sperr:* Die Arbeitsweise von Peter Stein nennen Sie der von Brecht ähnlich. Brecht war ein Stückeschreiber und Regisseur, Stein inszeniert keine eigenen Stücke.

*Therese Giehse:* Das stimmt. Stein ist nicht Brecht. Ich sagte auch nur: er ist ihm in der Arbeitsweise ähnlich. Brecht war das Vollkommene: die Einheit von Sprache, Gestaltung und Gesinnung, die Übereinstimmung von Form und Inhalt – und das Ganze eine große Herausforderung an uns. Aber als Regisseur kommt Stein gleich nach Brecht. Er ist zart wie dieser, wie es sonst eigentlich nur Falckenberg noch war.

*Monika Sperr:* Bezieht sich das nur auf Steins Arbeitsweise mit den Schauspielern oder auf sein Verhalten in der Theaterarbeit überhaupt?

*Therese Giehse:* Auf seine Arbeit im Ganzen. Ich kann Ihnen da ein Beispiel nennen. Die Bühnenarbeiter kriegten die Bühnenmöbel nicht auf einmal hinaus. Das war aber nötig. Stein baute übereinander, sehr geschickt und sagte dann: so geht es wohl. Er sagte das ganz sachlich, sehr freundlich. Er demonstrierte damit keinem sein überlegenes Denken, spielte sein besseres Wissen ganz und gar nicht aus. Sagte sachlich helfend: so geht es wohl. Die Bühnenarbeiter schauten ein bißchen verdattert auf das, was der Stein ihnen da vorgemacht hatte, und sagten dann: ja, so geht's. Was wäre daraus bei anderen Regisseuren für ein Krach geworden. Was für eine Demonstration von Besserwisserei! Die wirklichen Könner sind halt bescheiden.

*Monika Sperr:* Nach Ihrer Arbeit an der Schaubühne befragt, antworteten Sie bei einem Fernsehinterview: »Ich habe die Jungen gespürt.« Sie meinten vor allem Stein, aber darüber hinaus die jungen Theaterleute im allgemeinen?

*Therese Giehse:* Die Jungen an der Schaubühne, ja. Denn sie sind dabei, zu halten, was sie versprochen haben. Das kann man von vielen anderen nicht behaupten. Es hat sich gezeigt, daß verschiedene der Jungen, die von den Kammerspielen weg an andere Theater gegangen sind, überhaupt nichts besser machen. Sie wollten nichts verändern, sie wollten bloß nach der eigenen Karriere grapschen. Mich bestürzt sehr, wenn ich höre, wie arrogant und selbstsüchtig die Jungen zum Teil geworden sind. In Hamburg sollen Anfänger, die zum Vorsprechen zu ihnen kommen, wie lästige Bittsteller abgefertigt werden. Da fragt man sich dann, warum ist man zu den Jungen zart gewesen, wenn die nichts Freundliches weitergeben. Dabei hätten sie selbst so vieles noch zu lernen. Sie sind doch noch gar nicht die großen Könner, für die sie sich anscheinend halten. Was ich am Schauspielhaus gesehen hab', ich war doch mit dem Brecht-Abend bei ihnen im Malersaal, war nur teilweise gut. Das war bemüht, aber nicht immer gekonnt. Mich macht es traurig, wenn die Jungen überheblich werden.

Erfolg zu haben ist etwas sehr Angenehmes und Wünschenwertes; wer Erfolge aber nicht vertragen kann, wird bald keine Erfolge mehr haben. Am Schauspielhaus sind einige erstklassige Schauspieler, mit denen gut zu arbeiten ist. Ihnen ist wirklich jeder Erfolg zu gönnen, wenn sie nur bescheiden bleiben. Es wäre schlimm, wenn der Ansatz, der Aufbruch zu einer neuen Art von Theater bereits wieder vergessen wäre. –

Eine Schaubühne allein genügt doch nicht. Man muß weiter auf die Jungen hoffen.

*Monika Sperr:* Sie rechnen Rainer Werner Fassbinder nicht zu den Jungen, auf die man hoffen muß. Warum?

*Therese Giehse:* Sie wissen, ich mag die jungen Leut', ich mag sie wirklich. Aber der Fassbinder, der ist nicht jung. Ich habe sein Anti-Theater sehr gerne gemocht. Da hatte er wirklich etwas zu sagen. Heute gehört er wohl zu den Schwätzern. Ein Film wie: »Die bitteren Tränen der Petra Kant« ist eine solche Nichtigkeit, daß man sich nicht einmal darüber ärgern kann.

Diese Art von Dilettantismus ist ohne jeden Zauber. Wenn einer nichts zum Sagen hat, dann soll er auch nichts sagen. Das ist doch keine Geschichte, das ist nicht mal ein sehenswertes Bild. Wie großartig ist dagegen Wedekinds Gräfin Geschwitz – die hat eine Geschichte. Das ist ein Drama, eine wirkliche Traurigkeit. Fassbinder spekuliert darauf, mit einer Pseudo-Geschichte beim Zuschauer Pseudo-Gefühle zu erregen. Das ist ganz und gar verlogen. Das hat mit Jungsein nichts zu tun. Mit Kitsch bei den Leuten Pseudo-Gefühle erwecken, das konnten die Alten auch. Das konnten sie sogar viel besser, sie beherrschten ihr Handwerk ausgezeichnet. –

*Monika Sperr:* Im Gegensatz zur »Mutter«-Aufführung der Schaubühne hat dieser Fassbinder-Film den Beifall der Kritik, das Lob der Fachleute bekommen . . .

*Therese Giehse:* Was beweist das schon. Eigentlich doch nur, daß Kitsch bei den Leuten beliebt ist und die Wahrheit nicht. Wer den Unterschied zwischen Kunst und Kitsch kennt, hätte allein über Bruno Ganz und das von ihm gesungene Lied Hymnen schreiben müssen. Es wurde nicht gesungen von ihm, es war ein rhythmisches Sprechen. Sie kennen das Lied? Es gehört zu dem Traurigsten, was Brecht geschrieben hat. Ich meine das Lied nach Pawels Tod, nachdem er verhaftet und erschossen worden ist. Erinnern Sie sich? Der Bruno Ganz sang es, sprach es unbeschreiblich schön, in großer Verwunderung als Frage an sich selber. Schauen Sie nur nach im Text – man muß es immer wieder lesen.

> Genossin Wlassowa, dein Sohn
> Ist erschossen worden. Aber
> Als er zur Wand ging, um erschossen zu werden
> Ging er zu einer Wand, die von seinesgleichen gemacht war
> Und die Gewehre, gerichtet auf seine Brust, und die Kugel
> Waren von seinesgleichen gemacht. Nur fortgegangen
> Waren sie also oder vertrieben, aber für ihn doch da
> Und anwesend im Werk ihrer Hände. Nicht einmal
> Die auf ihn schossen, waren andere als er und nicht ewig auch unbelehrbar.
> Freilich, er ging noch gefesselt mit Ketten, geschmiedet
> Von den Genossen und angelegt dem Genossen, doch
> Dichter wuchsen die Werke, er sah es vom Weg aus
> Schornstein an Schornstein, und da es Morgen war –
> Denn man führt sie am Morgen hinaus für gewöhnlich –
> Waren sie leer, aber er sah sie angefüllt
> Mit jenem Heer, das immer gewachsen war
> Und noch wuchs.
> Ihn aber führten seinesgleichen zur Wand jetzt
> Und er, der es begriff, begriff es auch nicht.

*Therese Giehse:* Das ist eine traurige Wahrheit. Darüber sollten wir nachdenken. Das gilt heute wie gestern. Ähnlich wird der vietnamesische Bauer auch gedacht haben, der von seinesgleichen erschossen wurde. Brecht ist kein Dichter von gestern. Das wollen viele nicht wahrhaben.

*Monika Sperr:* Sie lieben die Jungen von der Schaubühne sehr. Machen die denn keine Fehler?

*Therese Giehse:* Und ob, auch unverständliche. Ihr Kollektiv-Anspruch ist eine gute Sache, aber sie übertreiben dabei. Ein Kollektiv besteht aus vielen Gleichgesinnten. Das ist gut. Die Gleichgesinnten sind aber verschieden begabt. Das wollen viele von der Schaubühne nicht einsehen. Und das ist schlecht, weil es dadurch zu den unsinnigsten Streitereien kommt. Dann passieren so lächerliche Geschichten, daß die großen Protagonisten des Theaters wie Bruno Ganz oder Jutta Lampe in der »Optimistischen Tragödie« als Statisten auftreten. Damit soll bewiesen werden: wir sind ein Kollektiv. Das ist sehr dumm. Eine vernünftige Kollektiv-Entscheidung wäre statt dessen gewesen, ihnen, die sie dauernd große Rollen spielen müssen, einige spielfreie Wochen zu gönnen. Dadurch, daß der Ganz nur einen Satz spricht, wird der Unterschied doch gar nicht aufgehoben: er bleibt der Könner, der er nun mal ist. Und der eine Gang von der Lampe zeigt halt, daß da die Schauspielerin Jutta Lampe geht und nicht irgendein anderes Ensemble-Mitglied. Das gleiche Wollen ist die eine Sache, das gleiche Können eine ganz andere. –

*Monika Sperr:* Bayern scheint ein besonders fruchtbarer Boden für begabte Rebellen zu sein. Sie sind gebürtige Münchnerin, Brecht kam aus Augsburg; heute gelten die bayerischen Stückeschreiber Franz Xaver Kroetz und Martin Sperr als zwei unserer stärksten, eigenwilligsten jungen Dramatiker.

*Therese Giehse:* Eine rückständige Provinz braucht halt viele Talente.

Den Sperr mag ich ganz besonders gern, aber das wissen Sie ja. Ich hab' immer noch Angst, daß aus seiner Krankheit ein endgültiges Schweigen wird, weil er sich verweigern will. Er hat den härtesten Dickschädel von uns allen. Man muß achtgeben auf ihn. – Der Kroetz wird immer besser. Ich habe jetzt etwas Neues von ihm gelesen – das war schon ein ganz besonderer Genuß. – Die beiden sind doch sehr verschieden. Gemeinsam ist bei Sperr und Kroetz, wie genau und knapp sie die Sprache benutzen. Diese Verknappung ist enorm. Trotzdem wird alles gesagt. Diese einfache Sprachform, spröde und gar nicht gefällig, ist von großer Schönheit. Sie haben die Fleißer vergessen. Die Lehrmeisterin der Jungen. Das ist schrecklich mit ihr! Immer will sie alles überarbeiten, weil sie meint, daß es altmodisch sei. Das ist Unsinn, aber das glaubt sie nicht. Dabei kann nie altmodisch sein, was wirklich gut ist. Das hat der Stein mit seiner »Fegefeuer«-Inszenierung ja wieder ganz deutlich gezeigt. Dafür hätte ich die »Mutter«-Aufführung fast hergeschenkt, aber nur fast. Der Stein hat das Stück in seinen ganzen Ausmaßen erkannt. Welche Unerbittlichkeit und Konsequenz! Das Ausbrechenwollen und nicht -können; Stein wird dem großen Stück gerecht.

*Monika Sperr:* Sie haben jetzt in Frankreich einen Film mit Louis Malle gedreht. Ein Regisseur, der Sie nach eigener Aussage an Peter Stein erinnert.

*Therese Giehse:* Ja, das stimmt. Es war eine beglückende Begegnung und eine sehr schöne Arbeit. Der Malle ist dem Stein wirklich sehr ähnlich, nur halt französischer. Ich war manchmal richtig verwirrt. Ein kleiner Mann mit einem großen Einfühlungsvermögen, der sich genau wie Stein sehr würdevoll bewegen kann. Ein Regisseur, der sein Metier beherrscht, der mit großer Ruhe arbeitet, der auch bei stärkster Anspannung stets freundlich bleibt. Die Dreharbeiten waren oft anstrengend, für uns alle. Aber in solcher Arbeitsatmosphäre macht es Spaß, sich anzustrengen.

## *Die Juden sind kein friedliches Volk. Traurige Wahrheiten und lustige Geschichten. Über die Schauspielerin Ruth Drexel. Das Zufallstheater von heute.*

*Monika Sperr:* Sie sind Jüdin. Welche Bedeutung hat der jüdische Glaube für Sie?
*Therese Giehse:* Ich bin kein gläubiger Mensch.
Das Schönste an der Bibel ist für mich die Bergpredigt, die fehlt aber im jüdischen Glauben. Deshalb bin ich früh aus der Glaubensgemeinde ausgetreten. Da war ich 16 Jahre alt.
*Monika Sperr:* Die Bergpredigt ist der Teil der Bibel, in dem Jesus der alttestamentarischen Brutalforderung: »Auge um Auge, Zahn um Zahn« sein: »Liebet eure Feinde« entgegensetzt.
*Therese Giehse:* Ja, es ist ein sehr friedlicher Teil und ein überaus poetischer Text. –
Während der Nazi-Zeit wäre ich nie ausgetreten. Ich wollte nach Hitler sogar wieder eintreten in die Glaubensgemeinde, nicht des Glaubens wegen, aus Solidarität. Das habe ich dann aber doch sein lassen; alle Religionen sind so unwahr.
*Monika Sperr:* Haben Sie Beziehungen zu Israel?
*Therese Giehse:* Eigentlich nicht. Man hat für mich dort was gepflanzt, Bäume ... – Die Juden sind kein friedliches Volk. Aber welches Volk ist denn friedlich!
*Monika Sperr:* Brecht war da optimistischer:

»Schwarzer, Weißer, Brauner, Gelber!
Endet ihre Schlächterein!
Reden erst die Völker selber,
Werden sie schnell einig sein.«

*Therese Giehse:* Das ist die Hoffnung. Die Wahrheit ist: immer haben Arbeiter auf Arbeiter geschossen. Kriege wären ohne die Völker ja nicht möglich. Brecht wußte das ebenso, wie Sie oder ich es wissen. –
*Monika Sperr:* Ist die Wahrheit denn immer traurig.
*Therese Giehse:* Lustig ist sie meistens nicht.

*Monika Sperr:* Ich werde darüber nachdenken und versuchen, Ihnen bei einem nächsten Gespräch nur lustige Wahrheiten zu berichten.
*Therese Giehse:* Dann erzählen Sie mir ja lauter Lügen. – Wissen Sie, die großen Komiker waren alle sehr traurige Menschen. Der Valentin, mit seiner eisernen Logik und seinem wunderbaren Sinn für Widersprüche war ein ewig verzweifelter Mensch. – Der große Clown Grock war privat überhaupt nicht komisch. Das ist etwas Merkwürdiges – Komiker sind oft sehr geizig. Der große Grock – wie war der geizig! An seiner Garderobe war ein Schild angebracht mit der Aufschrift: Hier wird nicht gesammelt! Dabei sind Artisten im allgemeinen großzügig; sie geben immer etwas. Wenn der Grock seine Frau ausführte in ein Lokal, dann bekam sie höchstens ein Glasl Bier spendiert, ein kleines Bier. Als Clown aber war er unbeschreiblich, da ist ihm keiner nachgewachsen. Seine Präzision war bewundernswert. Einmal hab ich dem kleinen Buben vom Ginsberg was besonders Gutes antun wollen. Da bin ich mit ihm in den Zirkus gegangen, weil ich ihm den Grock zeigen wollt. Hab extra Plätze ganz vorn in der ersten Reihe genommen, damit der Bub den Grock schön deutlich sehen konnt. Aber der hat sich für den Grock nicht im geringsten interessiert. Die ganze Zeit hat er sich nur nach den Scheinwerfern hinten umgeschaut. Wir saßen auf den völlig falschen Plätzen.
*Monika Sperr:* Die Freude, die Sie dem Kind machen wollten, die hat es doch trotzdem gehabt. Das ist eine lustige Geschichte.
*Therese Giehse:* In der letzten Reihe wär seine Freud halt größer gewesen. –
*Monika Sperr:* Sie wollen darauf hinaus, daß auch die lustigen Geschichten traurig sind?
*Therese Giehse:* Es gibt keine wirklich lustige Geschichte ohne Traurigkeit, nicht bei den wahren Geschichten. Habe ich Ihnen von dem Kind erzählt, das im Kloster erzogen wurde? Es war ein uneheliches Kind, war immer nur in den Ferien zu Hause. Am letzten Abend, bevor es zurück mußte ins Kloster, führte es ein Selbstgespräch beim Spielen: »Auf morgen freu ich mich. Da freu ich mich, wenn ich wieder spiele. Dann freu ich mich, wenn ich was Gutes zu Mittag eß. Dann freu ich mich, wenn ich zum Zug gebracht werd. Dann freu ich mich, wenn ich mit dem Zug fahr. Dann freu ich mich, wenn ich abgeholt werd vom Zug mit dem Pferd und dem Wagen. Dann freu ich mich – – – nimmer.«
*Monika Sperr:* Das ist eine sehr traurige Geschichte.
*Therese Giehse:* Aber Sie haben gelacht.
*Monika Sperr:* Sie mögen Kinder?

*Therese Giehse:* Manche find ich unausstehlich.
*Monika Sperr:* Schauspielunterricht haben Sie nie gegeben?
*Therese Giehse:* Nein, ich bin zu streng dafür. Einmal hat man mich zu einer Abschlußprüfung hinzugebeten – da ist nur einer durchgekommen. Es gibt viel zu viele schlechte Schauspieler. Die wären in anderen Berufen vielleicht recht nützlich.
*Monika Sperr:* Sehen Sie eine Schauspielerin, die Ihr »Erbe« übernehmen, die Ihre Arbeit fortsetzen könnte?
*Therese Giehse:* Ich kenne die jungen Schauspieler in der DDR heute zu wenig, da wird es schon jemanden geben. Und sonst – ja natürlich: die Ruth, die Ruth Drexel. Ich hab schon oft gesagt, daß sie die »Courage« jetzt spielen müßt. Ich versteh überhaupt nicht, warum sich nicht alle Theater um die Drexel schlagen. Eine solche Schauspielerin, die find man doch nicht alle Tag, alle Jahr auch net. Wahrscheinlich ist sie den Theaterherren zu politisch. Sie denkt zu viel. Das macht die Arbeit unbequem. Die Drexel geht einen sehr eigenen Weg; ich find: in eine lobenswerte Richtung. Ich hab sie wirklich gern.
*Monika Sperr:* Gute, ja hervorragende Schauspieler gibt's eigentlich überraschend viele – gutes Theater aber nur sehr selten.
*Therese Giehse:* Was soll denn Großartiges entstehen können aus dem Zufallstheater von heute?
Es wird nicht gedacht, es wird immer gemeint. Da meint man, weil einer was Großes in Mailand oder Bukarest zustande gebracht hat, man muß ihn herholen nach München oder Hamburg. Da arbeiten Leute zusammen, die sich kaum kennen, und alle meinen, daß es irgendwas schon werden wird. So sehen die Aufführungen dann halt aus. – Ich bin gefragt worden, die »Courage« am Burgtheater zu inszenieren. Da steckt nichts weiter dahinter als das Meinen, daß es ein Ereignis wär, wenn die erste »Mutter Courage« auch die erste Frau ist, die das Stück inszeniert. Man will gar nicht das Stück, man will eine Sensation. Das ist ja heute das Elend im Theater: Jeder meint, er müßte was Apartes, was laut Auffallendes machen. Maria Stuart mit einem Delphin sprechen lassen oder irgend etwas anderes Dummes. Das finden die Leute dann apart. –
Wer überlegt sich noch, was er warum macht und mit wem für welches Publikum? Es fehlt der Ernst, und es fehlen die Maßstäbe. Eine Aufführung, die anständig und brauchbar gemacht ist, wirkt, als wäre sie einmalig. Das Besondere, beinah schon Geniale. Das normale Durchschnittstheater kommt heute zu Beifall, daß man sich nur wundern kann. Ich treffe Leute, die reden mit heißer Begeisterung von Aufführungen, an denen ich etwas Besonderes einfach nicht ent-

decken kann. Ich trau mich das oft kaum zu sagen. Man steht ja immer als der große Miesmacher da, der andern ihre Freude nimmt.
*Monika Sperr:* Denken Sie an ein bestimmtes Beispiel?
*Therese Giehse:* Eigentlich nicht, es sind zu viele. – Nehmen wir ein positives Beispiel, eine Aufführung, die mir sehr gut gefallen hat, bei der ich die große Begeisterung aber trotzdem übertrieben fand. Ich meine die hochgelobte »Onkel Vanja«-Aufführung der Kammerspiele, wo ich ja mitgespielt hab. Ich fand sie schon ganz schön, aber bei weitem nicht so außerordentlich, wie alle sie gepriesen haben. – Es blieb alles gefühlsmäßig. Es fehlte die Schärfe, die bittere Aggressivität. Es endete in Zufriedenheit. Das ist nicht richtig. »Er ist fort« – ein vorläufiger Schluß, das Ende der Störung, aber kein Grund zur Zufriedenheit. Die Unruhe bleibt, die leise Revolution. »Wir werden Ruhe finden!« – da muß man doch nicht zum Himmel blicken. Das ist eine leidenschaftliche Hoffnung, kein Gebet. Das ist nach innen gerichtet, nicht zum Kämpfen nach außen – aber es ist alles andere als eine aufatmende Zufriedenheit. Die Zurückbleibenden sind müde, aber ganz und gar nicht zufrieden.
*Monika Sperr:* Gemessen an dem, was sonst im Theater geboten wird, fand ich's eine sehr schöne, ernsthafte Arbeit.
*Therese Giese:* Das stimmt schon. Nur was Außerordentliches war's für mich nicht. –
Es relativiert sich halt alles. Bei dem lauten Getue, das heute im Theater überall getrieben wird, kann man auch Langeweile für nachdenkliche Stille halten. Vielleicht liegt's aber auch an mir – mich macht das Theater von heute wirklich sehr müde. Schlechtes Theater hat mich schon immer müde gemacht. Das ist ja nichts Neues, auch das hat's schon immer gegeben. Heute ist die Ausnahme aber zur Regel geworden.

## *Regie ist keine Männersache. Zu Lohengrin gehört der Schwan. Schurken werden zu Helden gemacht. Eine Katzengeschichte.*

*Monika Sperr:* Frauen, die inszenieren, sind eine Rarität. Warum ist Regie eigentlich Männersache?
*Therese Giehse:* Das ist Unsinn. Regie ist keine Männersache. Theaterprinzipalinnen wie die Neuberin oder Sarah Bernhardt sind für uns heute vielleicht lächerlich – und doch waren sie großartig zu ihrer Zeit! –
Frauen sind häufig für die Regie viel stärker begabt als Männer. Sie sehen besser, haben die frecheren Augen, gucken genauer hin. Es wäre sehr verdienstvoll, mehr Frauen für die Regie zu gewinnen. Was werden den Frauen statt dessen für Schwierigkeiten gemacht! Viele Regisseure sind entsetzlich schlecht und inszenieren trotzdem unbehindert weiter. Keiner hat etwas dagegen, wenn sie das Theater ruinieren. Doch wehe, wenn einer Frau etwas danebengeht, dann ist's sofort aus. Und macht sie ihre Sache trotz aller Behinderungen gut, dann war's halt für eine Frau ganz ordentlich. Was hab ich mich rumärgern müssen mit der Technik bei der »Heirat wider Willen«. Wenn ich was wollt, haben alle mit den Schultern gezuckt und gesagt: es geht nicht. Natürlich ging's, aber was waren oft für unnötige Anstrengungen nötig, um das durchzusetzen, was man wollt. Bei einer Frau als Regisseur arbeiten alle nur mit halbem Einsatz und lächerlich übersteigertem Unwillen. Da muß man schon sehr robust und standhaft sein, um so viel Borniertheit durchzustehn. Wie oft hab ich nachgefragt, warum man die Hurwicz nie nach München holen würd – aber geholt hat sie keiner. – Es ist sehr beschämend, wie große Qualitäten von den Theaterintendanten mißachtet werden. Zum Nutzen des Theaters geschieht das sicher nicht. Betrug am Publikum ist's auch, aber das wird ja sowieso betrogen.
*Monika Sperr:* Warum?
*Therese Giehse:* Weil die Leut ein Anrecht auf das Beste haben und nicht einmal was Gutes kriegen.

*Monika Sperr:* Man kann das auch anders sehen: Jedes Volk hat das Theater, das es verdient.
*Therese Giehse:* Na, so ein schlechtes Theater verdienen die Leut net.
*Monika Sperr:* Im Gegensatz zum Theater scheint die Welt der Oper noch in schönster Ordnung zu sein.
*Therese Giehse:* Das ist auch recht so, Oper ist schließlich etwas sehr Edles. Menschen verständigen sich normalerweise sprechend, in der Oper tun sie's singend – da muß ihre Welt schon sehr in Ordnung sein.
Ich mag die modernen Wagner-Aufführungen ja überhaupt net. Ständig diese Lichtkegel und dann stehen die Sänger auf der leeren Bühne so entsetzlich hilflos rum und kommen ihres lauten Geplärrs wegen gar net richtig zum Singen. Zu Wagner gehören Felsen! Ein Lohengrin ohne Schwan – na, das mag ich net sehen. Das war immer ein großes Erlebnis, wenn der Schwan leer wieder naustuckerte. – Sehen Sie – der Nibelungenstoff, der ist der Auseinandersetzung doch wirklich wert. Was ist das für eine gewaltige Gangsterbande! Sie belügen und betrügen sich; rauben, morden und vernichten. Ihr Stolz ist Eitelkeit, ihre Treue tödlich, ihre Heldentaten sind gigantische Verbrechen. Und eine solche Saubande wird uns als Heldenepos überliefert! Der Wagner, der hat diesen Witz ganz richtig gesehn, der hat das Heldische durchschaut – und wieder ist die Welt auf das Pathos reingefallen. – Die Menschheit will betrogen sein und ihre großen Schurken als schön aufgeputzte Helden sehn.
*Monika Sperr:* Das ist mehr als nur der Wunsch, lieber betrogen als durch die Wahrheit erschreckt zu werden. Die Götter und die Helden sind wesentlicher Bestandteil der menschlichen Sehnsucht nach Unsterblichkeit, denn sie gelten für unsterblich.
*Therese Giehse:* Ja, finden Sie die Sehnsucht nach Unsterblichkeit denn natürlich? Daß der Mensch stirbt, ist natürlich, daß er weiter leben will doch nicht. Der Mensch hat ein Recht auf ein menschliches Leben, alle Wiederauferstehungstheorien sind doch Betrug. Für ein menschliches Leben, dafür soll der Mensch was tun, aber nichts für das verlogene Hoffen auf Unsterblichkeit.
*Monika Sperr:* Ich fände eine Wiederauferstehung aber trotzdem schön.
*Therese Giehse:* Dann sind Sie ein sehr asozialer Mensch. Man muß den Kommenden doch ihr neues Leben gönnen.
*Monika Sperr:* Aber ich käme vielleicht in ganz neuer Gestalt, als Vogel oder Katze –
*Therese Giehse:* Und noch dümmer als vorher schon. Was für ein Alptraum!

*Monika Sperr:* Als Katze wär ich jetzt beleidigt.

*Therese Giehse:* Als Katze würd ich Sie ja nicht beleidigen. Da hab ich schon immer achtgegeben. – Wegen einer Katz hab ich in England eine ganze Gesellschaft mal warten lassen. Der Wagen war schon vorgerückt, um uns zu irgendeiner Festlichkeit zu bringen. Alles wartete auf mich. Eine Freundin kam zurück ins Haus, um nach mir zu suchen: »Wo bleibst du denn?« Ich lag auf der Couch, die Katze auf mir, wir rührten uns beide nicht vom Fleck. »Ich kann doch nicht aufstehen, wenn die Katze auf mir ruht.« Die hatte sich lang hingestreckt und es sich so richtig gemütlich auf mir gemacht. Mein Bauch war genau die Unterlage, die sie brauchte, um warm zu liegen. Meine Freundin stand ziemlich fassungslos vor diesem Bild, das wir zwei ihr boten: »Aber dann jag sie doch weg!« – »Denkst, ich werd mich unbeliebt machen bei der Katz. Ich rühr mich nicht von der Stelle.« Bis spät in die Nacht hätte ich so gelegen. Die Katz hat sich um unsere Auseinandersetzung überhaupt nicht gekümmert. Die hat mit dem einen Aug ein bißchen beleidigt geschaut und wollt ihre Ruhe. Dann hat meine Freundin die Katze vertrieben und sich unbeliebt gemacht bei ihr. Ich hätt mich auf keinen Fall von der Stell gerührt.

*Freundlich sind die Menschen nicht.*
*Stur wie ein Esel.*
*Liebende können sehr aufdringlich sein.*
*Etwas »Erotisches«.*

*Monika Sperr:* Sie gelten als schwierig, trotz Ihrer Freundlichkeit manchmal als »bös«. Woher erklärt sich solche Nachrede, die in Wahrheit ja nicht stimmt?
*Therese Giehse:* Die Leut haben bestimmte Erwartungen, wie einer sich zu verhalten hat. Verhält man sich nicht diesen Erwartungen entsprechend, sondern so, wie man es selbst für richtig und angemessen hält, gilt man schnell als schwierig oder als Merkwürdigkeit. – Die meisten Leute sind nicht wirklich freundlich. Sie tun nur freundlich. Ich mag da halt nicht mittun. Ich bin lieber sachlich. Aber Sachlichkeit vertragen die Leut nicht. –
Ich mag wirkliche Freundlichkeiten, aber kein bloßes Herumgetue. Für viele Leute ist es schwer, das zu unterscheiden.
*Monika Sperr:* Nicht nur schwer, ganz und gar unmöglich.
*Therese Giehse:* Das kommt von der täglichen Verstellung bis zum Selbstbetrug.
*Monika Sperr:* Wir werden von klein auf dazu erzogen, die aufgestellten Spielregeln einzuhalten.
*Therese Giehse:* Zu lügen und zu betrügen, um belogen und betrogen zu werden?
*Monika Sperr:* So ungefähr.
*Therese Giehse:* Finden Sie das gut?
*Monika Sperr:* Nein.
*Therese Giehse:* Eben. Und es bleibt jedem überlassen, dabei mitzumachen oder nicht.
*Monika Sperr:* Nicht zu tun, was alle tun, ist sehr schwer.
*Therese Giehse:* Ich habe ja nicht gesagt, daß es leicht ist.
*Monika Sperr:* Wie haben Sie es geschafft?
*Therese Giehse:* Ich bin halt stur.
*Monika Sperr:* Haben Sie immer durchgesetzt, was Sie wollten?
*Therese Giehse:* Nein, vieles nicht. Aber eigensinnig bin ich geblie-

ben. Stur wie ein Esel. Wenn der nicht will, dann will er nicht. Man kommt gegen diesen Eigensinn nicht an. Gewaltanwendung macht ihn nur noch sturer, dann wird er erst so richtig störrisch. – Ich mag Esel sehr gern. Sie haben einen Charakter, sie lassen sich nicht abrichten wie Hunde. Und riechen tun sie auch gut – nach Fell, frischer Luft und Erde. Diese Wimpern, die weiche Schnauze – sanft und stur, so sind Esel. Aber davon verstehn Sie ja nichts – von Eseln.

*Monika Sperr:* Die Katzen und die Esel gehören nach England?

*Therese Giehse:* Ja, nach Devonshire – ich bin da oft gewesen. Es ist sehr schön dort, ruhig und friedlich.

*Monika Sperr:* Heimweh nach England?

*Therese Giehse:* Ich mag die Engländer. Sie sind kühl, aber freundlich.

*Monika Sperr:* Sie sind für Distanz, auch in den nahen Beziehungen?

*Therese Giehse:* Vor allem in den nahen Beziehungen. – Ich mag keine Menschen, die sich auf andere werfen.

*Monika Sperr:* Wenn einer liebt, will er vom andern alles wissen.

*Therese Giehse:* Sie meinen, Liebende können sehr aufdringlich sein?

*Monika Sperr:* Wie waren Ihre Liebesbeziehungen?

*Therese Giehse:* Ohne Besitzanspruch.

*Monika Sperr:* Sie kennen keine Eifersucht?

*Therese Giehse:* Meine besten Beziehungen sind die stark freundschaftlichen, die sind ganz ohne Eifersucht.

*Monika Sperr:* Die meisten Menschen konzentrieren ihre Gefühle auf einen Partner. Die Ehe ist nach wie vor Grundlage für das Zusammenleben in unserer Gesellschaft. Die Gegenmodelle der Jungen wie Wohngemeinschaften, Kommunen und Großfamilien befinden sich noch im Versuchsstadium und spielen keine große Rolle. Die Ehe hat sich anscheinend bewährt.

*Therese Giehse:* Ja, auch negativ bewährt. Sie leben oft scheußlich zusammen. –

Leben ist doch Veränderung. Die Situationen verändern sich, die Menschen, ihre Beziehungen zueinander. Man darf nichts erstarren lassen. Für ein Zusammenleben gibt es keine Regeln, keine vorgegebenen Antworten.

*Monika Sperr:* Sie sagten, Sie sind ein treuer Mensch.

*Therese Giehse:* Jemandem treu sein bedeutet doch nicht, daß man ein Leben lang aufeinander hocken muß. Was möglich ist, das lebt man zusammen. Und im übrigen muß jeder tun, was er für gut und richtig hält. Jeder hat einen eigenen Weg. –

Lebensfreundschaften verändern sich, verändern sich oft – doch sie ermatten nicht. Man bleibt beieinander, auch wenn man nicht zusammen ist. –

Lebensfreundschaften sind Beziehungen, die lange dauern, sehr lange – die im Grunde nie aufhören.

*Monika Sperr:* Wenn ich frage, wer Ihre wichtigste Lebensfreundschaft war, werfen Sie mich endgültig hinaus?

*Therese Giehse:* Sie können schon fragen, ich muß ja nicht antworten. – Und hernach, dann werf ich Sie schon hinaus. Wenn ich vorher gewußt hätt, wie sehr ich bei Ihnen arbeiten muß, hätt ich mich auf die ganze Sach nie eingelassen.

*Monika Sperr:* Ich mache Sie im Buch zur »Dame ohne Unterleib« –

*Therese Giehse:* Das ist schon recht so – bleiben Sie nur diskret. – Sie meinen, ich soll Ihnen auch was »Erotisches« bieten?

*Monika Sperr:* Nicht, wenn Sie nicht wollen –

*Therese Giehse:* Vorher geben Sie ja doch keine Ruh. –

Sie wissen, Brecht hatte diese flache Mütze, die »Brecht«-Mütze; die konnt er wunderbar vorziehen über die Augen und niemand sah's dann, wenn er schlief. Das war für ihn sehr angenehm, aber ich hatte eine solche Mütze ja nicht. Ich hab mich schon recht geärgert, wenn er auf langweiligen Proben so wunderbar friedlich vor sich hin geschlummert hat und ich nicht wußt, wie ich's anstellen sollt, daß ich auch unbemerkt zum Schlafen komm. – Manchmal gelang's. Nach der Generalprobe von »Tasso« in Zürich hat der Brecht der Helli eine Karte geschickt: »Habe heute in der Generalprobe von ›Tasso‹ mit Therese geschlafen.«

## *Amerikanisches Vorspiel.*
## *Eine Heimkehr.*
## *Das Wort ist wichtiger als der Interpret.*
## *Es war alles Interesse.*

*Monika Sperr:* Eine der wenigen völlig unüberlegten Taten, an denen Sie sich beteiligt haben, war die Fahrt mit der »Pfeffermühle« nach Amerika. Wie kam es eigentlich zu diesem amerikanischen Gastspiel?

*Therese Giehse:* Wir hatten in Europa viel Erfolg, da hat sich ein amerikanischer Agent halt gedacht, daß man uns auch in Amerika herzeigen müßt. –

Wir gaben auf Einladung eine Sondervorstellung vor Max Reinhardt in seinem Barockschlössl »Leopolds Kron« in Salzburg. Das war eine schaurigschöne Angelegenheit. Wir spielten vor sechzehn geladenen Gästen, Reinhardt war sehr verschuldet und durft nicht mehr als sechzehn Leut einladen. Alles war mit Kerzenlicht beleuchtet, das wirkte überaus romantisch und stilvoll, hatte aber einen ganz profanen Grund: der nicht bezahlten Rechnungen wegen war der Strom gesperrt. –

Die Gäste, alle sehr reiche Amerikaner, wußten von der politischen Lage nicht mehr, als sie wissen wollten, eigentlich gar nichts. Unsere Darbietungen müssen ihnen höchst merkwürdig und exotisch vorgekommen sein. Aber sie haben sehr höflich geschaut. Der einzige, der uns ein bißchen verstand, war Reinhardt. Von unserem Programm und dem Sinn unserer Arbeit begriff er auch nichts, aber er hatte Kunstverstand. Ihn beeindruckte die Qualität unserer Arbeit. Er kam und erkundigte sich bei mir, wer die Masken angefertigt hätte. Daß ich sie selber gemacht hatte, imponierte ihm sehr. Er hatte da wohl schon vergessen, mit wie wenigen Mitteln er selber einst auch gutes Theater gemacht hatte. Wir wechselten nur wenige Worte, ich kannte ihn nicht und fand diese kurze Begegnung ungemein eindrucksvoll. Während unseres Programms wurde Marlene Dietrich, die unter den noblen Gästen war, fortwährend ans Telefon gerufen: Gnädige Frau, New York für Sie, gnädige Frau San Franzisko. Ihre

wunderschönen Abgänge und Wiedereintritte waren viel interessanter als unsere Darbietungen. Das Ganze war eine sehr exklusive Vorstellung. Alle meinten es sehr freundlich mit uns. Ich wußte danach mit absoluter Sicherheit, daß das amerikanische Gastspiel ein großer Unsinn war. Aber die Erika, die hat's halt gewollt.
*Monika Sperr:* Nach der Amerika-Reise sind Erika Mann und Sie dann verschiedene Wege gegangen?
*Therese Giehse:* Die gemeinsame Arbeit war hernach halt vorbei, getroffen haben wir uns immer wieder, die Freundschaft füreinander ist geblieben. Die Erika wollte später, nach Kriegsausbruch, mit der »Pfeffermühle« neu anfangen, aber das hielt ich für falsch. Ich fand dann die kabarettistische Form im antifaschistischen Kampf nicht mehr sinnvoll. Jetzt ging's ja nicht mehr darum, zu warnen und aufmerksam zu machen, jetzt brauchte es wirksamere Kampfmittel und andere Lieder.
*Monika Sperr:* Der bedeutendste Interpret dieser Lieder war sicher Ernst Busch. Seine Stimme und die Widerstandslieder, die sozialistischen Kampflieder, die er sang, kannten Millionen überall in Europa. Wie kein anderer hat er das politische Lied zu einer wirkungsvollen Waffe im antifaschistischen Kampf gemacht. Von den Nazis verfolgt und eingesperrt wurde er erst wenige Tage vor Kriegsende von den Russen aus dem Zuchthaus Brandenburg befreit.
*Therese Giehse:* Das soll eine der gespenstischsten Rückkehren gewesen sein, die es überhaupt gegeben hat. Er ist nach seiner Befreiung zu Fuß bis nach Berlin gegangen und in Berlin, in der Straße, wo er wohnte, da kam seine Schwiegermutter daher. Oder es war seine Frau, dessen erinnere ich mich nicht mehr. Da haben sie sich gegrüßt – das geht ja alles sehr kalt zu, ganz anders, als es immer dargestellt wird; nicht mit lautem Jubel und großen Umarmungen. Dann hat sie ihm gesagt: »Geh heim, es steht noch alles. Es ist noch alles da.« Sie selber mußte irgendwas besorgen gehen, es gab ja damals nichts. Dann ist er nach Hause gegangen. Und er fand tatsächlich alles wieder, wie er es vor Jahren verlassen hatte. Dann war er daheim und hat sich ins Bett gelegt. –
*Monika Sperr:* Ernst Busch lebt heute in der DDR, auch Gisela May, gleichfalls eine berühmte Interpretin von Brechts Liedern.
*Therese Giehse:* Bei der May ist alles so flott, daß man ganz ängstlich wird beim Zuhören.
Sie besitzt eine außerordentliche Musikalität – um diese Musikalität hab ich sie immer beneidet. Sie hat das absolute Gehör und eine wirklich schöne Stimme. Sie hört ein Lied einmal, und gleich kann sie's schon. Das ist ganz unglaublich und sehr großartig. Sie singt

deutlich – mich macht's nämlich sehr ärgerlich, wenn ich jemanden nicht verstehen kann.
*Monika Sperr:* Sie meinen, wenn einer undeutlich singt oder spricht?
*Therese Giehse:* Es gibt sehr begabte Leute, die wirklich gut sein könnten, wenn sie nicht so eitel wären. Sie nehmen sich selbst wichtiger als die Sache, die sie vertreten wollen, gehen sehr nachlässig mit dem Text und der Sprache um. Ihre Schludrigkeit ist Eitelkeit. Darauf reagiere ich äußerst allergisch. Undeutliche Darbietungen machen mich nervös. Da höre ich auf keinen Fall zu, da bin ich zum Zuhören gar nicht bereit. – Das wichtigste ist, daß man verstanden wird, die erste Voraussetzung dafür, daß man verständlich ist. Jeder ernsthafte Künstler hat die Verpflichtung, verständlich zu sein. Er darf sich nicht wichtiger nehmen als das Wort, das er spricht.
*Monika Sperr:* Viel unverständlicher als die Interpreten sind oft die Regisseure.
*Therese Giehse:* Ich hasse Regisseure, die kommen und sagen: Ich habe für »Hamlet« noch keinen Einfall, weiß nicht, was ich aus dem Stück machen soll. Meine Antwort ist dann: Lesen Sie. Lesen Sie das Stück. Und inszenieren Sie, was da geschrieben steht. – Anstatt das Stück zu inszenieren, wollen halt viele nur sich selbst in Szene setzen. Sie müssen unverständlich sein, denn sonst käme ja jeder schnell dahinter, was für ein Scharlatan sich da in Szene gesetzt hat. –
Man muß nicht nur gegen die Everdings vorgehen, sondern auch, vor allem! gegen die jungen Schwindler, die nur angeblich progressiven Theaterleute.
*Monika Sperr:* Sie haben in Ihrem Leben viel gekämpft und gearbeitet, Sie kämpfen und arbeiten noch immer. Dazu gehört Mut, Ausdauer, Wissen und Fleiß. Sind Sie ein fleißiger Mensch?
*Therese Giehse:* Eigentlich bin ich stinkfaul. Ich bin sogar ein kolossal fauler Mensch. – Es war nie Fleiß – es war alles Interesse.

# IV
# Die Jungen über die Giehse

## *Ruth Drexel: Ich schreibe nicht gern über die Giehse.*

Wenn man mir vor 20 Jahren gesagt hätte, ich soll über die Giehse etwas schreiben, hätte ich ganze Bücher gewußt. Heute fällt es mir schwer, über die Therese zu schreiben. Ich würde lieber mit ihr reden oder essen oder arbeiten. Außerdem schreiben viele Leute über sie – daß sie dialektisch ist, daß sie eine Materialistin ist, daß sie kritisch ist, wie sie Requisiten behandelt und vieles mehr.

Nicht daß die klugen Leute Falsches schreiben würden, aber sie schreiben halt mehr über ihre Schlauheit als über die G.

Das letzte Mal habe ich sie am Geburtstag besucht; sie war müde und grantig und saß zwischen riesigen Blumen – ihre größte Freude war, mir von einem besonders blöden offiziellen Besuch zu erzählen, wach und boshaft.

Natürlich bewundere ich die G., aber ich würde sie lieber weniger bewundern und mehr mit ihr zu tun haben.

Wird die Therese nicht auf einen imaginären Thron verbannt, auf den sie – ein besonders lebendiger, kreativer Mensch – überhaupt nicht gehört?

Als ich auf die Schauspielschule gegangen bin, fand ich alles, was mit mir und dem Theater zu tun hatte, überflüssig und albern. Ich wollte es wieder lassen, dann habe ich in einer Probe gesehen, wie die G. aus einem leeren Teller ein Gulasch gegessen hat, und bekam neue Lust, die Schauspielerei zu erlernen. Warum?

Ich wußte, daß auf dem leeren Teller Gulasch mit Kartoffeln sein sollte – es war zu sehen. Ich wußte, wie gern die Figur gegessen hat und was Essen für sie bedeutete.

In der »Courage« in München war ich siebenmal. Ich ging noch auf die Schule und war nicht in der Komparserie, obwohl ich gern gewollt hätte. Der Brecht hatte sich die Schüler ausgesucht. Er hat mich nicht genommen.

Bei der G. knisterte alles.

Sie war eitel wie ein Pfau als junge »Courage«, in der Art wie ihr Rock über die Bühne fegte war Grandezza, Flamenco. Aber wie sie gespielt hat, das ist dutzendfach beschrieben. Was auf mich damals wirkte, ist nicht brecht-orthodox. Ich war unglücklich, daß es ein so besonders wildes, schlaues und starkes Exemplar Mensch nicht schaffte, zu überleben mit seiner Brut. Nicht die »Courage« fand ich fehlerhaft, sondern die Situationen, in denen sie sich befand, waren nicht zu bewältigen.

Ich mag, wenn die G. lacht. Sie kann zart und meckernd lachen, hinterlistig und laut und groß.

Sie kann Geschichten erzählen mit ihrer dunklen Stimme über Leute; die sind genau beobachtet und mit Erfindungen ausgestattet. Sie stellt Leute bloß, aber sie gibt sie nicht preis.

Sie haßt Sentimentalitäten.

Einmal war bei uns ein gutes Essen.

Ein junger Autor fand dies die angemessene Situation, um über hungernde Kinder zu reflektieren. Therese wurde wild.

»Sie sind wehleidig, Herr K.!« sagte sie und trommelte mit einem Teelöffel auf den Tisch, »wehleidig, das sind Sie!«

Der Gang der G. ist grazil, vorsichtig und zart.

Die Voraussetzung zu ihrer kämpferischen Lust am Entlarven ist Güte, gepaart mit Intelligenz. Deshalb ist sie für mich – auf eine schneidende Weise – auch eine rührende Gestalt. Deshalb habe ich als Zuschauerin über sie Tränen geweint und Tränen gelacht.

Die Besserwisser sähen sie gern in ihren Reihen.

Dahin gehört sie nicht.

Sie ist nichts Esoterisches.

Sie ist eine große Schauspielerin.

# *Franz Xaver Kroetz: Giehses Klarheit ist Zurückhaltung.*

Natürlich weiß ich, daß sie eine große Schauspielerin ist, und natürlich ist sie eine unverwechselbare.
Aber warum?
Ich habe die Giehse schon oft gesehen, im Fernsehen öfter als auf der Bühne, und ich habe ihre Stimme im Funk gehört. Dann hat sie in meinem Hörspiel *Bilanz* die Rolle der alten Frau übernommen, und so habe ich sie genauer kennenlernen können, und dann habe ich mein Hörspiel *Die Wahl fürs Leben* selber in München inszeniert, und die Giehse hat wieder eine alte Frau gespielt. Da habe ich sie noch besser kennenlernen können.
Jetzt glaube, hoffe ich, weiß ich ein bißchen darüber, was sie so gut und so unverwechselbar macht.
1. Man kann mit verschiedenen Methoden sich einen Text zurecht- und zu Mund formen. Man kann über ihn herfallen wie ein Bär über das Kalb, man kann an ihn ängstlich sich hinschleichen wie der Dieb in die Millionärsvilla, man kann sich aber auch dem Text stellen und zugleich den Text sich stellen lassen. Das tut die Giehse.
Sie geht an das, was sie wird sagen müssen, so heran, wie man an einen Vertrag herangeht, den man erst einmal genau durchlesen muß, um festzustellen, ob man nicht übervorteilt worden ist. Das erzeugt die Giehsesche Klarheit. Ohne etwas zu wissen und auch ohne etwas wissen zu wollen, was nicht im Text steht, verläßt sie sich auf die Worte, was dazu führt, daß man als Autor schon nach dem ersten Zuhören weiß, ob man etwas geschrieben hat, das in sich stimmt, oder ob man gepfuscht hat. Weil sie nicht kittet, weil sie nicht manipuliert, weil sie nicht in Schutz nimmt, weil sie keine Gewalt anwendet, weil sie nur gerade so weit geht, wie es dasteht, und auch kein Schrittchen weiter, weiß man sofort, ob die Sätze stimmen oder nicht.
Giehses Klarheit ist Zurückhaltung.

2. Man kann einen Text zu füllen anfangen, noch ehe man mit dem Text sozusagen auf du und du ist. Das führt dann dazu, daß beide unglücklich sind: der Sinn des Textes und das Herz des Schauspielers, weil sie ja nicht zusammenpassen können, wenn sie sich nicht auf Grund des Kennenlernens ausführlich verabredet haben. Bei der Giehse haben solche Irrtümer keine Chance. Warum? Weil sie – nach meiner Meinung – überhaupt nicht schauspielert. Dazu hat sie auch keine Lust. Sie mag nichts, was erst eine umständliche Schauspielerei erfordert, bis es sich sehen und sagen lassen kann. Manchmal wird sie dazu gezwungen, dann merkt man aber, daß da ein grader Mensch schwindeln muß. Wenn sie es so machen kann, wie es ihr liegt, dann verändert sie sich als Mensch überhaupt nicht.
Sie stellt nur Ansichten aus, die sie sowieso in ihrem Wesen hat und sie stellt sie so aus, daß dazwischen viel Raum bleibt.
Ganz ohne die heiße Luft und die verstellte Stimme, die falschen Locken und die tiefverschreckten Augen etc. spielt sie Angst oder Freude oder Liebe oder Wut oder Langsamkeit oder Hetzen so, wie die Vorgänge wären, wenn sie von vielen Menschen abgeschaut in ein Reagenzglas befördert, zusammengeschüttelt und dann verdampft würden. Was sich aus dem Dampf bildete, wäre das Typische. Die Giehse ist immer typisch. Das macht, daß sie einem immer etwas mitzuteilen hat, daß sie nie nebensächlich ist und daß die Spur, die sie in einer Rolle verfolgt, stets die richtige ist. Da sie bei den Proben zwar leidenschaftlich gern denkt, aber leidenschaftlich sein nicht für eine große Qualität hält, wenn man sich einen Text aneignen und ihn verständlich weitergeben will, bleibt sie immer auf dem Boden der Überprüfbarkeit, der das ausmacht, was wichtig ist: Menschen so darstellen, daß wir sie verstehen können, wenn wir zuschauen und zuhorchen. Vorgänge so ausstellen, daß wir sie als solche erkennen können, und alles so vorführen in der Rolle, daß wir wissen, warum es die Figur tut. Dazu braucht man Hirn und Beobachtungsgabe. Die Giehse hat sie.
3. Die Giehse besitzt die Uneitelkeit derer, die viele Erfolge gehabt haben und so weit gekommen sind, daß sie gelassen, unaufdringlich und bescheiden sein können. Das ist nicht nur Anlage des Charakters, dieses insgesamt dann Uneitle, das ist natürlich auch das Ergebnis ihrer Biographie. Woher es aber kommt, ist im Falle der Zusammenarbeit für eine Textrealisierung sekundär. Ihr Verhalten macht, daß man nicht zu ihr unendlich weit aufschauen muß als junger, unfertiger Schreiber, sondern daß man mit ihr partnerschaftlich arbeiten kann.
Die Giehse stellt nie sich heraus, nie ihr Können, nie ihre Gescheit-

heit, sondern sie stellt nur das heraus, was die Rolle verlangt. Auch bei der Probenarbeit bzw. in der Argumentation. Sie ist zu gleichberechtigten Absprachen bereit, mehr, sie verlangt sie. So läßt sich herrlich arbeiten.

4. Die Giehse ist zuverlässig, zuverlässiger als die meisten anderen Schauspieler, die ich kenne. Sie sitzt lange vor Probenbeginn im Studio und denkt über ihre Rolle nach. Das ist gar nicht falsch ausgedrückt: sie denkt über ihre Rolle nach. Und diese Disziplin vermittelt sich dann, wenn sie das Ergebnis ihrer Arbeit vorzeigt. Disziplin verlangt ja, daß man über das nachdenkt, was diszipliniert werden soll. Die Rolle also. Das tut die Giehse, und das erwirkt, daß ihre Ergebnisse eigentlich immer ohne Fehler sind. Und wenn sie doch mal welche macht, dann ist klar zu erkennen, warum sie ihr passiert sind und man kann sie ausmerzen.

Zusammenfassend:

Die Giehse ist nie vordergründig und hat doch nichts Hintergründiges. Das macht sie so sehr groß.

Sie hat nur das, was sie sich überlegt hat, und das, was sie aus diesen Überlegungen ausgewählt hat. Alles ist überschaubar, durchschaubar und ganz deutlich.

Wenn es das Gegenteil von Schmiere gibt, dann ist die Giehse das Gegenteiligste von Schmiere, was man sich überhaupt nur vorstellen kann. Und das macht sie unentbehrlich, für heute und für morgen.

Ich freue mich schon jetzt darauf, wieder etwas mit ihr arbeiten zu können.

Man lernt soviel.

## *Martin Sperr: Sie ist der letzte Elefant. Aufgezeichnet von Monika Sperr.*

*Vorbemerkung:* Als ich Martin Sperr bat, etwas über die Giehse zu schreiben, sagte er: »Laß mich über sie reden.«
Der nachfolgende Text ist die Zusammenfassung eines Gesprächs, das wir im Juni 1973 miteinander hatten.

»Natürlich bewundere ich die Giehse, auch wenn sie sagt, daß sie nicht bewundert werden will. In Wirklichkeit hat sie Bewunderung nämlich recht gern. Sie ist eine richtige Diva, vielleicht die letzte, die es gibt. Sie weiß das ganz genau und hört es nicht ungern, wenn man sie die große alte Dame des deutschen Theaters nennt. Das ist sie natürlich, auch wenn sie sich nicht darum bemüht, es zu sein. Sie braucht keine äußere Prachtentfaltung, ihre innere Noblesse macht sie sowieso zu einer Königin.
Auch wenn sie nicht in Pelz und Seide geht, wirkt sie immer elegant. Sie ist elegant. Ihre Kleidung, schlicht und unauffällig, ist von größter Raffinesse, von auserlesenem Geschmack. Das ist in Stoff und Verarbeitung alles erste Qualität. Sie besitzt wenig, aber das Wenige ist außerordentlich gut.
Sie ist keineswegs die einfache Frau, als die man sie allgemein zu kennen meint. Die Giehse ist einfach, aber überhaupt keine einfache Frau. Das ist ein großer Unterschied.
Du hast in Deinem Buch etwas Wesentliches vergessen: den absoluten Qualitätsanspruch der Giehse. Dieser gilt nicht nur für ihre Arbeit, sondern auch für ihr privates Leben. Sie will immer das Beste, z. B. beim Essen – sie schiebt sich nur exquisite Sachen 'nein. Sie ist überhaupt oft vornehm. Luxus mißfällt ihr. Sie lehnt ihn für sich selber ab und sieht ihn auch in ihrer näheren Umgebung nicht gern – aber aus der Entfernung, da schnuppert sie ganz gern an ihm herum.
Allein über ihr Verhältnis zu den Wirten könnt man Bücher schreiben. Da wird nämlich nicht einfach ein Schnitzel bestellt, da wird ein

Schnitzel für Frau Giehse bestellt. Und wenn das Essen nicht gut ist, dann nützt es den Wirten gar nichts, wenn sie in Verehrung vor ihr rumrutschen, dann geht sie nicht mehr hin, außer die Leut sind so freundlich, daß sie sie nicht verletzen will. Natürlich ist die Giehse unbestechlich, aber nach einem guten Essen bei Everdings war sie ihm gegenüber für eine Zeit viel milder gestimmt. Dann hatten wir miteinander unsere größten Kleinststreitereien, wenn ich sie aufwiegeln wollt gegen Everding und sie hat sich nicht aufwiegeln lassen. Die Giehse kann bewundernswert wüst schimpfen, mit großer Lust am Formulieren. Daß sie nicht schreiben kann, das stimmt, aber sie spricht Literatur. Sie kann Sätze sprechen, wie sie die Fleißer schreibt. Die Fleißer schreibt Literatur, aber schön sprechen wie die Giehse, das kann sie nicht. Die zwei zusammen sind etwas ganz Wunderbares. Und wenn sie dann über ihre Krankheiten reden, dann möcht man nur dasitzen und abschreiben, was sie sagen.

Die Giehse spricht gern über Krankheiten, über die eigenen und über die der anderen. Sie hat Angst davor, weil sie auch feige ist, aber sie weicht nicht aus. Sie will immer genau wissen, wie's um sie steht.

Ich glaub nicht, daß sie eines natürlichen Todes sterben wird. Wahrscheinlich wird sie von einem runterfallenden Dachziegel erschlagen, oder der Blitz wird sie treffen.

Sie ist der letzte Elefant.

Sie ist dickhäutig, Schläge prallen an ihr ab, dabei hat sie ein sehr zartes Gemüt. Sie ist nicht sehr empfindlich, aber sie ist äußerst empfindsam.

Spielen tut sie alles so, daß die Tragödie bewußt wird. Auch in den Lustspielen. Und sie spielt alles ohne Wehleidigkeit. In einer Vorstellung von den »Landshuter Erzählungen« – ich hab mir jede Vorstellung damals angeschaut – hatte sie einen Kolossal-Hänger. Aus irgendwelchen Gründen klappte die Verständigung mit der Souffleuse überhaupt nicht. Die Giehse bekam den Text nicht mehr zusammen, sie hat nur noch gewußt, worum es inhaltlich ging. Da hat sie dann einen eigenen Text gesprochen, den fand ich viel schöner als meinen und hab versucht, die Szene umzuschreiben. Das ging aber nicht, weil der Giehse-Text nur für sie selber richtig war und jede andere Schauspielerin damit gescheitert wäre.

Die Giehse macht Erfindungen auf der Bühne, die kann man nicht schreiben. Wenn der Vater von Sorm, ihr Mann also, tot umgefallen ist, braucht der Sorm sie nur einmal laut anzubrüllen, damit sie ihr Gejammer sofort läßt. Sie hat die Hacken zusammengeschlagen, hat eine fast militärische Haltung eingenommen – der nächste Herr! Ihr Mann ist tot, der Sohn gibt jetzt den Ton im Hause an.

Es ist unglaublich, was die Giehse ohne Worte, mit ein, zwei Minimalbewegungen zustande bringt. Sie kann beispielsweise auch den großen Daumen sprechen lassen, sie ist überhaupt von ungeheurer Beweglichkeit.
Sie spielt immer im Sinne des Autors, sie hat einen geradezu bedenklichen Respekt vor dem Autor, ist ihm fast hörig.
Sie bewertet das, was sie nicht kann, nämlich schreiben, ungebührlich hoch. Dabei ist sie um vieles besser als die meisten Autoren, die für das Theater schreiben. Manchen geschriebenen Mist hat sie sehr veredelt.
Als Autor habe ich von ihr gelernt, Figuren präzise zu beschreiben und die Darstellung dem Schauspieler zu überlassen. Mein Vertrauen in Schauspieler ist sehr groß, vielleicht, weil ich durch die Giehse soviel gelernt habe. Ich hab schon für sie geschrieben, die Barbara in den »Jagdszenen«, da hab ich sie noch gar nicht gekannt. Da hatte ich sie nur manchmal im Fernsehen gesehen und noch nie auf der Bühne. Kennengelernt hab ich sie erst während der Arbeit an »Gerettet«. Sie war bei dieser Produktion nicht direkt beteiligt, aber sie ist dauernd zu Everding gewackelt, um ihm zu sagen, daß sich im Werkraumtheater endlich mal etwas Erfreuliches tät.
Sie hat ständig auf uns aufmerksam gemacht.
Bei der ersten öffentlichen Probe, wenn die Verwandten der Beteiligten alle dahergerutscht kommen, kam die Giehse hinter die Bühne und hat mir mitgeteilt, daß ich den »Hamlet« spielen müßt. Ich hab ihr das nicht eingeredet, sie hat's von sich aus festgestellt.
Sie macht oft Vorschläge, die sind von großer Kühnheit, die werden leider nie verwirklicht, weil allen die Courage dazu fehlt. Sie wirft Fragen auf, die nützlich sind, weil sie bei der Arbeit weiterhelfen.
Als Bayer mag ich, daß sie durch und durch bayerisch ist und doch überhaupt kein Berufsbayer. Volksfeste mag sie beispielsweise recht gern, aber Folklore kann sie nicht ausstehen.«

## *Benjamin Henrichs: Therese Giehse oder Lob der Dialektik.*

So lustig war noch keine Witwe – so lustig wie die Dame Olympia, Händlerin in Salz und Tabak, am Todestage ihres Mannes. Kaum ist der Verblichene unter der Erde, legt Olympia los: jauchzend, krähend, röchelnd lacht sie sich durch alle Oktaven hindurch, gackert wie eine lüsterne Glucke, meckert hexenhaft fahl, wird zum blökenden Bock, zum keifenden Papagei. Eine Explosion, die vielleicht zwei Minuten dauert – Zeit genug für Therese Giehse, allein mit ihrer Stimme ein komplettes Bestiarium, einen Gelächterzoo, eine grotesk-obszöne Fauna auf die Bühne zu holen.

Dann kommt die Giehse zur Sache. Das Stimmenkonzert, die Gelächterarie: das hätten gewöhnliche Virtuosinnen vielleicht auch noch geschafft, doch mehr als eine Explosion der Effekte wäre aus »Salz und Tabak«, aus Aldo Nicolajs Monodrama, kaum geworden. Bei der Giehse folgt auf die Explosion die Exposition; es beginnt, nur noch gelegentlich von einem kurzen, schnaubenden Lachen unterbrochen, die lakonische Entwicklung und Begründung einer Figur.

Weg ist die jubelnde Schadenfreude des Anfangs, nun referiert die Giehse. Eine Lebensgeschichte wird rekapituliert, so sachlich und so zynisch, als gebe sie einen Geschäftsbericht: die Geschichte von Amadeo, dem Verstorbenen. Der hatte eines Tages Olympia, sein angetrautes Weib, verlassen und war auf die andere Straßenseite hinübergezogen, zur Apothekerin; weil dort größere Profite lockten als in Olympias Salz- und Tabakhandel. Die Apothekerin hatte, um den schönen Amadeo zu halten, ihm ihren gesamten Besitz überschrieben. Und weil Amadeo vergaß, ein Testament zu machen, war, als er sich mit dem Auto zu Tode rannte, seine verlassene Gattin plötzlich zur Erbin der Apotheke geworden. Daher also der Frohsinn der Dame.

Eine harmlose schwarze Schnurre, ein böser Witwenwitz, möchte man meinen. Doch die Giehse macht aus der scheinbar simplen Clownerie die minuziöse Beschreibung eines kläglichen Lebens und Liebens. Zu sehen ist: wie schöne Gefühle an guten Geschäften krepieren. Und, komplizierter: wie ein gutes Geschäft noch einmal die Gefühle wachrüttelt, wie Geld geil macht. Denn als Olympia begreift, was ihr Amadeos Untreue schließlich eingebracht hat, beginnt die Giehse einen grotesken Hochzeitsgesang. »Amadeo!« ruft sie immer wieder, und daraus werden zärtliche, balzende Jubeltöne, zuletzt regelrechte Lustschreie. Kein Zweifel: da feiert die alte Dame zum letztenmal Vermählung mit ihrem Amadeo, in einer Kopulation aus Gelächter und Wörtern. Mit einer obszönen Apotheose krönt die Giehse ein dialektisches Kunstwerk: die Verbindung von Rachegesang und Reflexion.

»Sie erregt widersprechende Gefühle beim Zuschauer« – Brecht hat die kürzeste Formel für die Giehse gefunden. Hinzuzufügen ist: aus Widersprüchen lebt die Kunst dieser Schauspielerin, und aus Widersprüchen scheint ihre Biographie gemacht. Sie hat die Schreckensweiber gespielt und die tapferen Mütter, die Kröten und die Buddhas. Sie ist eine intellektuelle Volksschauspielerin, eine sachliche Hedonistin. Das Brechtische und das Bayerische, die Lust an der Bosheit und die Liebe zur Vernunft: das ist die Giehse-Dialektik. Noch einmal Brecht (»Das Sinnliche in Galilei«): »Galilei ist natürlich kein Falstaff – als überzeugter Materialist besteht er auf physischen Freuden. Bei der Arbeit würde er zwar nicht trinken; wichtig ist, daß er auf sinnliche Weise *arbeitet*. Es bereitet ihm Genuß, seine Instrumente mit Eleganz zu handhaben. Ein großer Teil seiner Sinnlichkeit ist geistiger Natur.« Man ersetze Galilei durch Giehse – auch dann stimmt der Text.

Die Theaterlust, die böse Genauigkeit, die sich die Giehse bei den Horror-Damen holt, die bewahrt sie sich auch bei den Brecht-Müttern, die hält ihre Schauspielerei auch hier noch frei von allem falsch-optimistischen Schwung. Mit Märchenfeen und Bilderbuchomas (wie Hochhuths Hebamme oder Fassbinders flotter Großmutter), mit Figuren, die ihr Leben allein der guten Gesinnung oder dem schlechten Gewissen ihres Autors verdanken, hat sie nichts zu tun. Die Giehse hat kein schlechtes Gewissen, deshalb kann sie gerecht sein, kann zugeben, daß es Bosheit und List nicht nur bei der herrschenden Klasse gibt. Nie fielen dieser Schauspielerin Haltungen ein, die Mitleid erbetteln, die fürs Lesebuch taugten. Man schaue sich nur die Fotos an, die Abisag Tüllmann in der Berliner »Mutter«-

Inszenierung gemacht hat: kein Jammerbild zum Einrahmen (arme, alte Frau, ihr Süppchen löffelnd), sondern eine höchst komplizierte Studie aus Pedanterie und Gier (wie die Giehse auf den Löffel beißt!), aus Armut und fröhlicher Freßsucht. Sie »besteht aus physischen Freuden« – auch in der physischen Not. Deshalb ist das Theater der Giehse Theater ohne Wehleidigkeit.

Utopien (die großen, zu großen, über Einzelheiten hinwegsehenden Lösungen) mißachtet sie. Sie verweigert sich der Verklärung des Proletariats und betreibt statt dessen die Er-Klärung des Proletariats. Ob sie als O'Caseys Juno lieb mit den Augen klimpert, verlegen das Mäulchen spitzt, den Kopf schief legt oder ob sie im ersten Bild der »Mutter« über die Bühne huscht wie ein verschrecktes Huhn: Niemals vergißt die Giehse, daß zur wahrhaftigen Beschreibung einer Figur auch die Grenzbeschreibung gehört – die Beschreibung der Grenzen eines Gehirns. Und selbst die Wandlung, die »Läuterung« solcher Proletariermütter spielt sie ohne Lüge – da gibt es keinen feierlichen Tusch, keinen melodramatischen Wendepunkt, sondern behutsam werden die Gewichte verschoben zwischen Beschränktheit und Einsicht. »Und das ist euer Streik?« fragt sie zaudernd, als ihr die Fabrikarbeiter die Notwendigkeit des Widerstands erklären – und zur Hälfte klingt das noch gluckenhaft-besserwisserisch, doch zur anderen Hälfte ist sie da schon von der Vernunft bezaubert.

Weil sie Genauigkeit liebt, muß sie das Pathos überlisten. »Ändere die Welt!«: so groß, so feierlich setzt ein Brecht-Gedicht ein. Sprechbar scheint der Satz kaum: höchstens als Aufruf an die versammelte Menschheit, als Ouvertüre zu einer pompösen Predigt. Der Giehse muß es mulmig geworden sein vor einem solchen Satz. Denn plötzlich, bei ihrem letzten Münchner Brecht-Abend, wandte sie sich ganz instinktiv und spontan hinüber zu Peter Fischer, ihrem Begleiter am Klavier, und sagte, als sei das die simpelste, selbstverständlichste Bitte, die man haben kann: »Ändere die Welt!« (Was dann genauso freundlich und konkret klang wie »Ändere das Tempo« oder »Spiel nicht so laut«.)

Oder: »Zweites Gedicht vom unbekannten Soldaten unter dem Triumphbogen«: *»Entfernt wenigstens / Diesen Stein über ihm / Denn dieses Triumphgeheul / Ist doch nicht nötig und macht / Uns Kummer, denn uns / Die wir den Erschlagenen / Schon vergessen hatten, erinnert er / Täglich aufs neue an euch, die ihr noch / Lebt und die ihr / Immer noch nicht erschlagen seid – / Warum denn nicht?«* Dieses »Warum denn nicht?« ist eine der frappierendsten Giehse-Betonungen: kein Schrei, kein pathetischer Schluchzer. Ausgerechnet diesen Satz spricht die Giehse nun wirklich einmal mütterlich, als eine verwunderte, beinahe zärtliche Nachfrage, warum denn das Vernünftige, das Selbstverständliche noch nicht geschehen ist. So beschreibt sie mit einem Satz, einer unerwarteten Betonung das für viele noch nicht Vorstellbare: daß die Revolution freundlich, die Gewalt vernünftig sein kann.

Am Ende ihrer Brecht-Abende sagt sie gerne das Gedicht vom Grabstein, und sie sagt es sehr heiter, sehr endgültig: *Ich benötige keinen Grabstein, aber / Wenn Ihr einen für mich benötigt / Wünschte ich, es stünde darauf: / Er hat Vorschläge gemacht. Wir / Haben sie angenommen. / Durch eine solche Inschrift wären / Wir alle geehrt.* Auch wenn sie das Gedicht bestimmt nicht deshalb vorliest: es gibt keine schönere Definition für Therese Giehses Theaterspiel. Was sie zeigt, sind Vorschläge – nie wird man von ihrer Kunst agitatorisch angebrüllt, nie feierlich eingelullt. Nie wird eine Figur begradigt auf zwei bis drei stramme Thesen; die Giehse diskutiert ihre Figuren, und sie diskutieren heißt: Die Entfernung zu ihnen wechseln, Identifikation gegen Verhöhnung, Liebe gegen Spott zu setzen. Die Giehse ist sich ihrer Figuren niemals völlig sicher, überprüft ständig ihre Haltung zu ihnen – eine »Unsicherheit«, die Neugier heißt, nicht Nervosität. Es ist dies eine Kunst, die Einspruch duldet, selbst Einspruch übt – oft scheint die Giehse weit weg zu sein von der Welterklärungsgebärde, der Siegeszuversicht der Brechtschen Texte. Man spürt, sie liebt diese Texte, hört ihnen geduldig, bewundernd zu – doch nie hat man das Gefühl, daß sie diesen Texten besinnungslos glaubt. Da bleibt immer ein Rest von stoischer Reserve, ein sehr privater, sehr bayerischer Widerstand gegen alles kollektive Fortschrittspathos. Es wehrt sich etwas in ihr gegen zuviel revolutionären Optimismus: in ihr lebt die Zuversicht Brechts, aber auch ein Stück von Karl Valentin, vom mißtrauischen Wissen, daß dieser Welt nicht zu helfen ist.

# *Zeittafel – Lebensdaten*

| | |
|---|---|
| 1898 | 6. 3. geb. in der Herzog-Rudolf-Straße, München. |
| 1904 | Einschulung: Volksschule am St.-Anna-Platz. |
| 1908 | Absolventin der Kerschensteiner-Schule, höheres Bildungsinstitut für Mädchen in der Franz-Joseph-Straße. |
| 1911 | 21. 11. Tod des Vaters. |
| 1914 | Schulabschluß. Beginn des 1. Weltkrieges. |
| 1918/20 | Schauspielunterricht bei Toni Wittels-Stury. |
| 1920 | 21. 1. Erster öffentlicher Auftritt als Büßerin in: *Kausikas Zorn* von Kschemisvara im Bühnenverein für primitive und expressionistische Kunst: DAS SPIEL, München. |
| 1920/21 | 1. Saisonengagement in Siegen/Westfalen. |
| 1921/22 | 2. Saisonengagement in Gleiwitz/Oberschlesien. |
| 1922/23 | 3. Saisonengagement in Landshut/Niederbayern. |
| 1923/24 | 4. Saisonengagement an der Bayerischen Landesbühne. |
| 1924/25 | Engagement bei Paul Barney in Breslau. |
| 1925/26 | Durch die Direktion Bach und Veltheim an das Schauspielhaus München engagiert. |
| 1926 | 19. 9. Otto Falckenberg eröffnet die »Kammerspiele im Schauspielhaus« mit Büchners *Dantons Tod.* |
| 1926/33 | An den »Kammerspielen« Otto Falckenbergs. |
| 1927 | 21. 1. Erste Begegnung mit Thomas Mann nach der Uraufführung von: *Das gastliche Haus* seines Bruders Heinrich Mann. |
| 1929 | Juli. Erstes Kennenlernen von Bertolt Brecht bei den Endproben zu: *Die Dreigroschenoper.* |
| 1933 | 1. 1. Eröffnung der »Pfeffermühle« in der Münchner Bonbonnière am Hofbräuhaus. |
| | 30. 1. Machtübernahme durch die Nationalsozialisten. |
| | 31. 1. Letzte Premiere vor der Emigration an den »Kam- |

| | |
|---|---|
| | merspielen« in: *Das Schwedische Zündholz* von Ludwig Hirschfeld. |
| | 13. 3. Flucht aus München. |
| | 15. 3. Zusammentreffen mit der Thomas-Mann-Familie in Arosa, Schweiz. |
| | 30. 9. Neueröffnung der »Pfeffermühle« im »Hirschen« zu Zürich. |
| 1934 | 4. 7. Tod der Mutter in Fürstenfeldbruck bei München. |
| 1934/36 | Mit der »Pfeffermühle« quer durch Europa: Schweiz, Belgien, Niederlande, Luxemburg, Österreich, Tschechoslowakei usw. |
| | 26. 4. Die 1000. Vorstellung der »Pfeffermühle« in Amsterdam. |
| | 20. 5. Heirat mit dem englischen Schriftsteller John Hampson-Simpson in Solihull, Country of Warwick. |
| | 14. 8. Sondervorstellung der »Pfeffermühle« in »Leopolds Kron« vor Max Reinhardt und sechzehn geladenen Gästen. |
| | 11. 11. Einschiffung nach New York. |
| | 25. 11. Ankunft New York. |
| 1937 | 5. 1. Premiere mit der »Pfeffermühle« in New York. |
| 1937/66 | Am Zürcher Schauspielhaus als festes Ensemblemitglied und als Gast. |
| 1939 | 19. 5. Tod des ältesten Bruders Max in Rio de Janeiro. |
| | 20. 7. Die Schwester Irma in Zürich angekommen. |
| | 1. 9. Kriegsausbruch. |
| 1941 | 19. 4. Uraufführung von: *Mutter Courage und ihre Kinder* am Zürcher Schauspielhaus. |
| | 21. 5. Tod der Schwester Jeanette in Hechingen. |
| 1944 | 1. 9. In Deutschland und Österreich werden alle Theater wegen des totalen Kriegseinsatzes geschlossen. |
| 1945 | 21. 1. Tod von Irma. |
| 1947 | 11. 12. Deutsche Erstaufführung von Gorkis *Wassa Schelesnowa*. Bertolt Brecht, Helene Weigel und Fritz Kortner in der Premiere. |
| 1948 | 23. 4. Lesung mit Brecht und Weigel. |
| | 5. 6. Uraufführung von: *Herr Puntila und sein Knecht Matti* am Zürcher Schauspielhaus durch Brecht. |
| 1949/52 | Berliner Ensemble. |
| 1949 | 22. 9. Erste Premiere nach der Emigration an den »Kammerspielen« München in: *Biberpelz* von Gerhart Hauptmann. |

1949/73 An den »Kammerspielen« München.

1953 22. 9. Tod von Berthold Viertel.

1954 3. 3. Einzug in die Wohnung Wurzerstraße.

1955 24. 6. Filmband in Silber für: *Kinder, Mütter und ein General.*
12. 8. Tod von Thomas Mann.
Dezember. Tod von John Hampson-Simpson.

1956 29. 1. Uraufführung von: *Der Besuch der alten Dame* am Zürcher Schauspielhaus.
14. 8. Tod von Bertolt Brecht.

1959 18. 4. Zusammenbruch auf der Generalprobe von *Mutter Courage und ihre Kinder* in Zürich. Mehrwöchiger Klinikaufenthalt.

1962 21. 2. Uraufführung von: *Die Physiker* am Zürcher Schauspielhaus.

1965 14. 6. Regie bei *Heirat wider Willen* von Molière.

1966 27. 6. Zum erstenmal der Brecht-Abend der Giehse im Münchner Cuvilliéstheater.

1967 4. 10. Uraufführung von: *Die Landshuter Erzählungen* an den Kammerspielen.

1968 6. 3. Der 70. Geburtstag der Giehse wird auf der Bühne gefeiert.

1969 27. 8. Tod von Erika Mann.

1970 8. 10. Eröffnung des Schaubühnen-Kollektiv-Theaters in Berlin mit: *Die Mutter.*

1971 Mai. Tod von Helene Weigel.
April/Mai. Kipphardt-Affaire und Intendantenwahl an den Kammerspielen. Krankenhausaufenthalt.
3. 9. Der 3. Brecht-Abend der Giehse.

1972 März/April. Mit dem 3. Brecht-Abend im Malersaal des Hamburger Schauspielhauses.

1973 11. und 15. 2. Zu Brechts 75. Geburtstag mit dem Brecht-Abend im Berliner Ensemble.
6. 3. Der 75. Geburtstag der Giehse.

# *Stücke – Rollen – Regisseure*

| | |
|---|---|
| 1920 | 21. 1. DAS SPIEL. Bühnenverein für primitive und expressionistische Kunst: Die Büßerin in: *Kausikas Zorn* von Kschemisvara. Regie: Karl Loewenberg. |
| 1920/21 | Siegen/Westfalen. Erste Rolle: eine der Tanten in: *Heimat* von Hermann Sudermann. |
| 1921/22 | Gleiwitz/Oberschlesien. |
| 1922/23 | Landshut. |
| 1923/24 | Bayerische Landesbühne. |
| 1924/25 | Breslau u.a.:<br>Eulalia in: *Kyritz-Pyritz.*<br>*Sechs Personen suchen einen Autor* von Luigi Pirandello.<br>Marthe Rull in: *Der zerbrochene Krug* von Heinrich von Kleist. |
| 1925 | Schauspielhaus München u.a.:<br>Yü-pei in: *Der Kreidekreis* von Klabund. Regie: Richard Révy.<br>*Der Revisor* von Nicolai Gogol. Regie: Forster-Larrinaga.<br>Frau Lautensaite in: *Zurück zu Methusalem* von G. B. Shaw. Regie: Richard Révy.<br>Frau Deuter in: *Die Hose* von Carl Sternheim. Regie Richard Révy.<br>*Mein Freund Teddy* von André Rivoire und Lucien Besnard, u.a. mit Heinz Rühmann. Regie: Richard Révy. |
| 1926 | Kammerspiele München:<br>19. 9. Souffleuse in: *Dantons Tod* von Georg Büchner. Regie: Otto Falckenberg. |
| 1927 | 21. 1. Eine Schieberin in: *Das gastliche Haus* von Heinrich Mann. Regie: Erwin Piscator. Uraufführung. |

5. 2. *Theo macht alles* von Nancey und Armont. Regie: Richard Révy. Titelrolle: Heinz Rühmann.

25. 2. *Der dreimal tote Peter* von Sling, u.a. mit Maria Bard, Hans Schweikart, Heinz Rühmann, Kurt Horwitz. Regie: Otto Falckenberg. Uraufführung.

4. 3. Emmy in: *Der Arzt am Scheideweg* von G. B. Shaw. Regie: Richard Révy. Mit Alexander Moissi a.G.

Mai. Frau Alving in: *Gespenster* von Henrik Ibsen, mit Alexander Moissi a. G.

7. 8. *Monsieur Hélène* von Frank und Geyer. Regie: Forster-Larrinaga. Erstaufführung.

20. 12. *Die beständige Gattin* von Somerset Maugham. Regie: Forster-Larrinaga.

1928 14. 1. Aase in: *Peer Gynt* von Henrik Ibsen, u.a. mit Hans Schweikart als Peer Gynt. Regie: Richard Révy.

1. 3. *Traumstück* von Karl Kraus. Regie: Julius Gellner. Uraufführung im Studio der Kammerspiele.

6. 3. *So und so, so geht der Wind* von Fritz Knöller. Regie: Otto Falckenberg. Uraufführung.

4. 4. Frau Bergmann in: *Frühlingserwachen* von Frank Wedekind. Regie: Hans Schweikart.

18. 4. *Flucht* von John Galsworthy. Regie: Kurt Reiss. Erstaufführung.

27. 4. *Der Frauenarzt* von H. J. Rehfisch, Regie: Richard Révy. Erstaufführung.

12. 5. Mutter in: *Meier Helmbrecht* von Eugen Ortner. Regie: Otto Falckenberg. Uraufführung.

26. 6. *Der Star* von Hermann Bahr. Regie: Richard Révy. Mit Hermine Körner a.G.

20. 8. *Pygmalion* von G. B. Shaw. Regie: Julius Gellner.

13. 9. Billettverkäuferin in: *Hokuspokus* von Curt Goetz. Regie: Josef Glücksmann.

25. 9. *Oktobertag* von Georg Kaiser. Regie: Hans Schweikart.

19. 10. Mutter Wolffen in: *Der Biberpelz* von Gerhart Hauptmann. Regie: Richard Révy.

26. 11. Gräfin Geschwitz in: *Lulu* von Frank Wedekind, in neuer Bearbeitung von Otto Falckenberg. Regie: Otto Falckenberg.

1929 2. 2. *Pariser Luft* nach Offenbachs *Pariser Leben.* Musik nach Offenbach von Karl Salomon. Regie: Otto Falckenberg. Uraufführung.

8. 3. *Die Ursache* von Leonhard Frank. Regie: Otto Falckenberg. Uraufführung.
25. 4. *Das Nachfolge-Christi-Spiel* von Max Mell. Regie: Otto Falckenberg. Erstaufführung.
10. 5. *Sind wir das nicht alle* von Frederik Lonsdale. Regie: Richard Révy. Erstaufführung.
20. 7. Celia Peachum in: *Die Dreigroschenoper* von Bertolt Brecht. Regie: Hans Schweikart. Erstaufführung.
28. 11. Köchin Puschek in: *Die Verbrecher* von Ferdinand Bruckner. Regie: Richard Révy. Erstaufführung.
15. 12. *Flieg, roter Adler von Tirol!* von F. A. Angermayer. Regie: Josef Glücksmann.

1930 17. 3. *Ein Kamel geht durch das Nadelöhr* von Frantisek Langer. Regie: Josef Glücksmann. Erstaufführung.
7. 4. *Cyankali* von Friedrich Wolf. Regie: Otto Falckenberg, u.a. mit Berta Drews. Erstaufführung.
9. 8. *Cäsar und Cleopatra* von G. B. Shaw, mit Werner Krauss a. G. Regie: Richard Révy.
22. 9. Frau Vogl in: *Sturm im Wasserglas* von Bruno Frank u.a. mit Kurt Horwitz, Hans Schweikart, Ehmi Bessel. Regie: Josef Glücksmann. Erstaufführung.
6. 11. Königin in: *Hamlet* von William Shakespeare. Regie: Otto Falckenberg.
12. 11. Magd in: *Geschwister* von Klaus Mann, u.a. mit Erika Mann und Wolfgang Liebeneiner. Uraufführung im Studio der Kammerspiele. Regie: Richard Révy.
30. 11. *Die Ehe* von Alfred Döblin. Regie: Otto Falckenberg und Julius Gellner. Uraufführung im Studio der Kammerspiele.
Dezember. Volksbühne Berlin: *Defraudanten* von Alfred Polgar, u.a. mit Max Pallenberg. Regie: Karl Heinz Martin.

1931 7. 1. Volksbühne Berlin: Frau Muskat in: *Liliom* von Franz Molnar, u.a. mit Hans Albers. Regie: Karl Heinz Martin.
Kammerspiele München und Volkstheater der Kammerspiele:
26. 1. Gartenlaube-Autorin in: *Pension Schöller* von Laufs-Jacoby. Regie: Richard Révy.
28. 2. *Ein freudiges Ereignis*, Schwank von Dell und Mitchell.

21. 3. Bordellmutter in: *Die Bekehrung des Ferdys Pistora* von Frantisek Langer. Regie: Julius Gellner. Erstaufführung.

18. 4. Aufwartefrau in: *Voruntersuchung* von M. Alsberg und E. O. Hesse. Regie: Ernst Held. Erstaufführung.

6. 5. Bianca Credaro in: *Vater sein dagegen sehr* von E. Childs Carpenter. Regie: Richard Révy.

7. 7. Komische Alte in: *Er und seine Schwester* oder *Die gestörte Vorstellung*, Gesangsposse von B. Buchbinder, u.a. mit Weiß Ferdl.

10. 10. *Rauhnacht* von R. Billinger. Regie: Otto Falckenberg, Bühne: Alfred Kubin. Uraufführung.

28. 10. Signora Palpiti in: *Lumpazivagabundus* von Johann Nestroy. Regie: Julius Gellner.

13. 11. Marthe in: *Urfaust* von J. W. v. Goethe, u.a. mit Käthe Gold, Ewald Balser, Kurt Horwitz, O. E. Hasse. Regie: Otto Falckenberg.

20. 11. *Man kann nie wissen* von G. B. Shaw. Regie: Ernst Held.

5. 12. *Das große Los* von Umberto Colantuoni. Regie: Forster-Larrinaga.

23. 12. *Konto X* von Bernauer und Oesterreicher. Regie: Richard Révy.

1932

12. 1. Baronin Champigny in: *Der Florentiner Hut* von Eugen Labiche. Regie: Otto Falckenberg.

20. 1. Frau Muskat in: *Liliom* von Franz Molnar, mit Max Pallenberg a.G. Regie: Ernst Held.

5. 2. Frau Robinson in: *Zwei Kravatten* von Georg Kaiser. Regie: Forster-Larrinaga.

17. 2. *Kampf um Kitsch* von Robert Adolf Stemmle. Regie: Ernst Held. Erstaufführung.

26. 2. *Kopf in der Schlinge* von John Bradley. Regie: Richard Révy. Erstaufführung.

2. 3. *Wie einst im Mai* von Bernauer und Schanzer. Regie: Forster-Larrinaga.

18. 4. Frau Peters in: *Vor Sonnenuntergang* von Gerhart Hauptmann, mit Friedrich Kayßler a.G. Regie: Richard Révy. Erstaufführung.

25. 5. Gina in: *Die Wildente* von Henrik Ibsen, u. a. mit Käthe Gold, Kurt Horwitz, O. E. Hasse. Regie: Otto Falckenberg.

16. 6. Fräulein von Nordeck zur Nidden, Oberin in: *Gestern und Heute* (Mädchen in Uniform) von Christa Winsloe. Regie: Wolfgang Liebeneiner.
3. 8. Crescentia Lunglmayer in: *Die Morgenröte* (München 1848) von Joseph Ruederer. Regie: Kurt Horwitz.
21. 11. Mrs. Cantley in: *Robinson soll nicht sterben* von Friedrich Forster. Regie: Julius Gellner.
6. 12. Frau John in: *Die Ratten* von Gerhart Hauptmann. Regie: Otto Falckenberg, u.a. mit Marianne Hoppe.
22. 12. Mutter Wolffen in: *Der Biberpelz* von Gerhart Hauptmann.

1933 1. 1. Eröffnung der »Pfeffermühle« in der Münchner Bonbonnière.
31. 1. Johanna in: *Das schwedische Zündholz* von Ludwig Hirschfeld. Regie: Julius Gellner.
Schauspielhaus Zürich u.a.:
8. 9. Kupplerin in: *Maß für Maß* von William Shakespeare.
28. 9. Kaiserin Elisabeth in: *Die kleine Katherina* von Alfred Savoir.
30. 9. Eröffnung der »Pfeffermühle« im »Hirschen«, Zürich.
Schauspielhaus Zürich u.a.:
11. 11. Lysistrata in: *Der Kaiser von Amerika* von G. B. Shaw.
23. 11. *Höchste Eisenbahn* von Friedrich Holländer.
30. 1.. Lehrerin in: *Rassen* von Ferdinand Bruckner. Uraufführung.
23. 12. Marthe Rull in: *Der zerbrochene Krug* von Heinrich von Kleist.

1934/36 Mit der »Pfeffermühle« durch Europa.

1937 Schauspielhaus Zürich u.a.:
18. 3. Zelima in: *Turandot dankt ab* von Marianne Rieser. Regie: Leopold Lindtberg. Uraufführung.
25. 3. Lona Hessel in: *Stützen der Gesellschaft* von Henrik Ibsen.
1. 4. *Große Liebe* von Franz Molnar.
17. 4. *Feine Gesellschaft* von E. Bourdet.
22. 4. Mutter in: *Menschen auf der Eisscholle* von V. Werner.
6. 5. Marthe in: *Faust* von J. W. v. Goethe.

20. 5. Mutter in: *Die weiße Krankheit* von Karel Čapek.
16. 9. *Via Mala* von John Knittel. Uraufführung.
23. 9. Zuckerbäckerin in: *Cyrano de Bergerac* von Edmond Rostand.
21. 10. *Kleines Glück auf der Wieden* von Viktor Skutezky.
9. 12. Mutter Wolffen in: *Der Biberpelz* von Gerhart Hauptmann.

1938 Schauspielhaus Zürich u.a.:
20. 1. Frau Vogl in: *Sturm im Wasserglas* von Bruno Frank.
27. 1. *Der Mann im Moor* von H. W. Keller. Uraufführung.
10. 2. Emmy in: *Der Arzt am Scheideweg* von G. B. Shaw.
17. 2. Emma in: *Kleine Prinzessin* von G. Darell.
10. 3. Gefängniswärterin in: *Musik* von Frank Wedekind.
17. 3. *Die Weber* von Gerhart Hauptmann.
24. 3. *Hokuspokus* von Curt Goetz.
31. 3. *Der unsichtbare Henker* von Wolf Schwertenbach. Uraufführung.
14. 4. Mutter in: *Die Mutter* von Karel Čapek.
21. 4. Mads in: *Die heilsame Flucht* von Svend Rindom.
12. 5. Mutter in: *Freut euch des Lebens* von M. Hart und G. S. Kaufmann.
19. 5. Toilettenfrau in: *Märchen von der Gerechtigkeit* von Fodor.
Schauspielhaus Zürich unter Oskar Wälterlin:
3. 9. Frau Warren in: *Frau Warrens Gewerbe* von G. B. Shaw. Regie: Wolfgang Heinz.
8. 9. Mme. Margot in: *Schuld und Sühne* nach Fjodor Dostojewskij von Trivas und Schdanoff. Regie: Leonard Steckel.
17. 9. Kathrin in: *Die Schule der Frauen* von Molière. Regie: Oskar Wälterlin.
22. 9. Ottilie in: *Dyckerpotts Erben* von Robert Grötzsch. Regie: Hermann Vallentin.
29. 9. Mutter Rotblätz in: *Der kleine Sündenfall* von Cäsar von Arx. Regie: Leonard Steckel. Uraufführung.
13. 10. Jokaste in: *König Ödipus* von Sophokles. Regie: Oskar Wälterlin.

3. 11. Frau Maret, die Hausfrau in: *Sechste Etage* von Alfred Gehri. Regie: Leonard Steckel.
3. 12. Die Mutter in: *Jedermann 1938* von Walter Lesch. Regie: Leopold Lindtberg. Uraufführung.
15. 12. Tulpe in: *Hanneles Himmelfahrt* von Gerhart Hauptmann. Regie: Leonard Steckel.

1939 14. 1. Schwester Ann in: *Fräulein Dr. med. Lawrence* von Patricia S. Harc. Regie: Leopold Lindtberg.
16. 2. Emma Jarrow in: *Ja und Nein* von Kenneth Horne. Regie: Leonard Steckel. Deutschsprachige Erstaufführung.
25. 2. Matrjona in: *Macht der Finsternis* von Leo Tolstoi. Regie: Leopold Lindtberg.
9. 3. Mrs. Gibbs in: *Eine kleine Stadt* von Thornton Wilder. Regie: Oskar Wälterlin.
17. 3. Daja in: *Nathan der Weise* von Gotthold Ephraim Lessing. Regie: Oskar Wälterlin.
1. 4. Lina in: *Der schwarze Hecht*, Musikalische Komödie von Paul Burkhard. Text: Jürg Amstein nach einem Dialektstück von Emil Sautter. Regie: Oskar Wälterlin. Uraufführung.
14. 4. Königin Isabeau in: *Die Jungfrau von Orléans* von Friedrich von Schiller. Regie: Leonard Steckel.
11. 5. Prudence Duvernoy in: *Die Kameliendame* von Alexander Dumas fils. Regie: Leonard Steckel.
20. 5. Katherina in: *Helden* von G. B. Shaw. Regie: Wolfgang Heinz.
7. 9. Emmelina, Adrianas Köchin in: *Komödie der Irrungen* von William Shakespeare. Regie: Leonard Steckel.
28. 9. Herzogin von Marlborough in: *Ein Glas Wasser* von A. E. Scribe. Regie: Wolfgang Heinz.
12. 10. Mrs. Bramson in: *Die Nacht wird kommen* von Emlyn Williams. Regie: Leonard Steckel. Deutschsprachige Erstaufführung.
2. 11. Frau von Trevillac in: *Das schöne Abenteuer* von Caillavet, de Flers und Rey. Regie: Franz Schnyder.
16. 11. Frl. von Benzon in: *Stiftsdamen* von Axel Breidahl. Regie: Leopold Lindtberg.
25. 11. Nancy Green in: *Lincoln – Ein Kampf für die Freiheit* von R. E. Sherwood. Regie: Franz Schnyder. Deutschsprachige Erstaufführung.

2. 12. Welt in: *Das große Welttheater* von Hugo v. Hofmannsthal. Regie: Oskar Wälterlin.
20. 12. Irine in: *Der Kaiser von Portugallien* von Selma Lagerlöf. Regie: Franz Schnyder.
31. 12. Signora Palpiti in: *Lumpazivagabundus* von Johann Nestroy. Regie: Leopold Lindtberg.

1940 25. 1. Mildred Royd in: *Friedliche Hochzeit* von Esther McCracken. Regie: Franz Schnyder.
24. 2. Virginia Wood in: *Jenny und der Herr im Frack* von Georg Zoch. Regie: Wolfgang Langhoff.
21. 3. Eugenie in: *Undine* von Jean Giraudoux. Regie: Leonard Steckel.
4. 4. Marthe in: *Faust I* von J. W. v. Goethe. Regie: Leopold Lindtberg.
18. 5. Baucis/Lamie in: *Faust II* von J. W. v. Goethe. Regie: Leopold Lindtberg.
3. 10. Frau John in: *Die Ratten* von Gerhart Hauptmann. Regie: Leonard Steckel.
17. 10. Frau Hurtig in: *Die lustigen Weiber von Windsor* von William Shakespeare. Regie: Leonard Steckel.
16. 11. Angelina Esposito in: *Feine Leute* von Irwin Shaw. Regie: Leonard Steckel.
31. 12. Das hohe Alter in: *Der Bauer als Millionär* von Ferdinand Raimund. Regie: Leopold Lindtberg.

1941 13. 2. Helene Alving in: *Gespenster* von Henrik Ibsen.
20. 3. Amme in: *Romeo und Julia* von William Shakespeare. Regie: Max Ophüls.
19. 4. Titelrolle in: *Mutter Courage und ihre Kinder* von Bertolt Brecht. Regie: Leopold Lindtberg.
1. 5. Frl. Wehner in: *Das Konzert* von Hermann Bahr. Regie: Leonard Steckel.
24. 5. Miss Prism in: *Bunbury oder Ernst sein ist alles* von Oscar Wilde. Regie: Wolfgang Heinz.
28. 6. Marina in: *Onkel Wanja* von Anton Tschechow. Regie: Leonard Steckel.
18. 9. Eleonora, Mutter König Johanns in: *König Johann* von William Shakespeare. Regie: Oskar Wälterlin.
27. 9. Frau Clandon in: *Man kann nie wissen* von G. B. Shaw. Regie: C. F. Vaucher.
16. 10. Ella Rentheim in: *John Gabriel Borkmann* von Henrik Ibsen. Regie: Karl Paryla.

31. 12. Frl. Blumenblatt in: *Einen Jux will er sich machen* von Johann Nestroy. Regie: Leopold Lindtberg.

1942 24. 1. Lady Britomart Undershaft in: *Major Barbara* von G. B. Shaw. Regie: Leopold Lindtberg.

26. 2. Akulina in: *Er ist an allem schuld* von Leo Tolstoi. Regie: Leonard Steckel.

5. 3. Isabelle Le Roy-Gomez in: *Das schwache Geschlecht* von Ed. Bourdet. Regie: Oskar Wälterlin.

19. 3. Herzogin von Yorck in: *König Richard III* von William Shakespeare. Regie: Leopold Lindtberg.

28. 3. Frau Macfie in: *Regen und Wind* von Merton Hodge. Regie: Kurt Horwitz.

18. 4. Honorine in: *Marius* von Marcel Pagnol. Regie: Leonard Steckel.

30. 4. Frau Gabor in: *Frühlingserwachen* von Frank Wedekind. Regie: Leopold Lindtberg.

11. 6. Amme Kilissa in: *Die Orestie* von Aischylos. Regie: Leopold Lindtberg.

20. 6. Tattabaucis in: *Maikäfer-Komödie* von J. V. Widmann. Regie: Oskar Wälterlin. Uraufführung.

1. 10. Käthchen, Bauernmädchen in: *Wie es euch gefällt* von William Shakespeare. Regie: Leonard Steckel.

15. 10. Mrs. Parrilow in: *Der Morgenstern* von Emlyn Williams. Regie: Wolfgang Heinz.

14. 11. Oberpriesterin b. den Trojanern in: *Göttin, versuche die Menschen nicht!* von Wilhelm Treichlinger. Regie: Leonard Steckel.

12. 12. Barbara in: *Das vierte Gebot* von Ludwig Anzengruber. Regie: Leopold Lindtberg.

31. 12. Erste Aufwärterin in: *Der Diener zweier Herren* von Carlo Goldoni. Regie: Leonard Steckel.

1943 16. 1. Ftatateeta in: *Caesar und Cleopatra* von G. B. Shaw. Regie: Leopold Lindtberg.

4. 2. Hausbesitzerin Mi Tzü in: *Der gute Mensch von Sezuan* von Bertolt Brecht. Regie: Leonard Steckel.

10. 4. Anna Andrejewna in: *Der Revisor* von Nicolai Gogol. Regie: Leonard Steckel.

16. 9. Judith Blith in: *Weekend* von Noel Coward. Regie: Karl Paryla.

30. 9. Alexandra Iwanowna Kochowzewa in: *Und das Licht scheint in der Finsternis* von Leo Tolstoi. Regie: Leonard Steckel.

28. 10. Die Nachbarin Annemarie Theodornie in: *Die Verlobung unter der Laterne/Die Insel Tulipatan* von Jacques Offenbach. Regie: Leonard Steckel. Musikalische Leitung: Paul Burkhard.

2. 12. Anny, Köchin des Bürgermeister in: *Der Mond ging unter* von John Steinbeck. Regie: Leonard Steckel.

31. 12. Erste Putzfrau/Garderobière/Mutter in: *Pfauenfedern* von Lukas Ammann und Fridolin Tschudi. Regie: Lukas Ammann.

1944 12. 2. Die Seeholzerin in: *Land ohne Himmel* von Cäsar v. Arx. Regie: Leopold Lindtberg. Uraufführung.

16. 3. Mrs. Antrobus in: *Wir sind noch einmal davongekommen* von Thornton Wilder. Regie: Oskar Wälterlin. Deutschsprachige Erstaufführung.

15. 4. Die Mutter in: *Bluthochzeit* von Federico Garcia Lorca. Regie: Leonard Steckel. Deutschsprachige Erstaufführung.

29. 4. Anne in: *Zweimal Amphitryon* von Georg Kaiser. Regie: Leopold Lindtberg. Uraufführung.

11. 5. Cölestine, Köchin bei Cornelius in: *Camping* von Hans Wilhelm Keller. Regie: Leonard Steckel. Uraufführung.

10. 6. Die Negerin in: *Der seidene Schuh* von Paul Claudel. Regie: Kurt Horwitz. Deutschsprachige Erstaufführung.

14. 9. Fanny Leeming, Oberschwester in: *Jupiter lacht* von A. J. Cronin. Regie: Robert Troesch. Deutschsprachige Erstaufführung.

23. 9. Margarete von Parma in: *Egmont* von J. W. v. Goethe. Regie: Oskar Wälterlin.

26. 10. Pasca in: *Christinas Heimreise* von Hugo v. Hofmannsthal. Regie: Oskar Wälterlin.

11. 11. Madame Bouffier in: *Jacobowsky und der Oberst* von Franz Werfel. Regie: Leonard Steckel.

1945 22. 3. Witwe Quin in: *Der Held des Westerlands* von J. M. Synge. Regie: Leonard Steckel.

5. 5. Die Wirtin von Pietraseca in: *Und er verbarg sich* von Ignazio Silone. Regie: Leopold Lindtberg.

24. 5. Eine Kupplerin in: *Perikles von Tyrus* von William Shakespeare. Regie: Leonard Steckel.

21. 6. Amy in: *Die Familienfeier* von T. S. Eliot. Regie: Oskar Wälterlin. Deutschsprachige Erstaufführung.

13. 9. Frau des Kaufmanns in: *Die Befreiten* von Ferdinand Bruckner. Regie: Leonard Steckel. Uraufführung.

8. 11. Madame Arcati in: *Fröhliche Geister* von Noel Coward. Regie: Kurt Horwitz.

24. 11. Titelrolle in: *Mutter Courage und ihre Kinder* von Bertolt Brecht. Regie: Leopold Lindtberg.

31. 12. Die Kräutlerin in: *Die verhängnisvolle Faschingsnacht* von Johann Nestroy. Regie: Leopold Lindtberg.

1946 31. 1. Tildchen Ley in: *Spitzenhäubchen und Arsenik* von Joseph Kesselring. Regie: Ernst Ginsberg.

21. 3. Mrs. Batley in: *Und ein Tor tat sich auf* von J. B. Priestley. Regie: Werner Kraut.

13. 6. Titelrolle in: *Die Irre von Chaillot* von Jean Giraudoux. Regie: Leonard Steckel. Deutschsprachige Erstaufführung.

14. 9. Mutter Wolffen in: *Der Biberpelz* von Gerhart Hauptmann. Regie: Leonard Steckel.

1947 9. 1. Amanda Wingfield in: *Die Glasmenagerie* von Tennessee Williams. Regie: Kurt Horwitz.

19. 4. Gemüsefrau in: *Es steht geschrieben* von Friedrich Dürrenmatt. Regie: Kurt Horwitz. Uraufführung.

3. 5. Madame Storch in: *Das Mädl aus der Vorstadt* von Johann Nestroy. Regie: Leopold Lindtberg.

24. 5. Pförtnerin in: *Ein Traumspiel* von August Strindberg. Regie: Leonard Steckel.

19. 10. Frau Hoprecht in: *Der Hauptmann von Köpenick* von Carl Zuckmayer.

27. 11. Megära in: *Androklus und der Löwe* von G. B. Shaw. Regie: Wilfried Seyferth.

11. 12. Titelrolle in: *Wassa Schelesnowa* von Maxim Gorki. Regie: Claude Maritz. Deutschsprachige Erstaufführung.

1948 31. 1. La Poncia, Magd in: *Bernada Albas Haus* von Federico Garcia Lorca. Regie: Ernst Ginsberg.

14. 2. Frau Aufricht in: *Die Lästerschule* von R. B. Sheridan. Regie: Erwin Kalser.

4. 3. Frau Bläsch, Zeitungsfrau in: *Berner Marsch* von Marcel Gero. Regie: Hermann Wlach. Uraufführung.

2. 4. Stadttheater Basel: Mrs. Breydon in: *Rote Rosen für mich* von Sean O'Casey. Regie: Ernst Ginsberg. Deutschsprachige Erstaufführung.

Schauspielhaus Zürich:
29. 4. Alte Frau in: *Woyzeck* von Georg Büchner. Regie: Leonard Steckel.
5. 6. Schmuggleremma in: *Herr Puntila und sein Knecht Matti* von Bertolt Brecht. Regie: Bertolt Brecht.
1. 7. Julia Giuli, Sängerin in: *Der Schatten* von Jewgenij Schwarz. Regie: Leopold Lindtberg. Schweizer Erstaufführung.
16. 9. Frau Krause in: *Vor Sonnenaufgang* von Gerhart Hauptmann. Regie: Leonard Steckel.
2. 10. Schwester Veronika in: *Henri G. Dufour* von Oskar Wälterlin. Regie: Oskar Wälterlin. Uraufführung.
21. 10. Die Frau des Zweitgeborenen in: *Zu viel Geld* von G. B. Shaw. Regie: Berthold Viertel. Uraufführung.
2. 12. Neues Theater in der Scala Wien: Titelrolle in: *Mutter Courage und ihre Kinder* von Bertolt Brecht. Regie: Leopold Lindtberg.
21. 12. Neues Theater in der Scala Wien: Die Greisin Mamouret in: *Ihr 106. Geburtstag* von Jean Sarment. Regie: Wolfgang Heinz, Karl Paryla. Deutschsprachige Erstaufführung.

1949 Schauspielhaus Zürich:
19. 2. Telva, die Magd in: *Die Frau im Morgengrauen* von Alejandro Casona. Regie: Leonard Steckel. Deutschsprachige Erstaufführung.
17. 3. Lina Beermann in: *Moral* von Ludwig Thoma. Regie: Wilfried Seyferth.
9. 4. Marthe in: *Faust I* von J. W. v. Goethe. Regie: Leonard Steckel.
5. 5. Frayken, eine Frau mit Vergangenheit in: *Barbara Blomberg* von Carl Zuckmayer. Regie: Oskar Wälterlin. Uraufführung.
25. 6. Manto/Baucis in: *Faust II* von J. W. v. Goethe. Regie: Leonard Steckel.
22. 9. Kammerspiele München: Mutter Wolffen in: *Der Biberpelz* von Gerhart Hauptmann. Regie: Peter Lühr.
23. 12. Berliner Ensemble: Titelrolle in: *Wassa Scheles-nowa* von Maxim Gorki. Regie: Berthold Viertel.

1950 18. 3. Schauspielhaus Zürich: Linda Loman in: *Der Tod des Handlungsreisenden* von Arthur Miller. Regie: Joseph Millo-Pacovsky.
1. 4. Schauspielhaus Zürich: Frau Fielitz in: *Der rote*

*Hahn* von Gerhart Hauptmann. Regie: Kurt Hirschfeld.

7. 6. Berliner Ensemble: Übernahme der Schmuggleremma in: *Herr Puntila und sein Knecht Matti* von Bertolt Brecht. Regie: Erich Engel und Bertolt Brecht.

8. 10. Kammerspiele München: Titelrolle in: *Mutter Courage und ihre Kinder* von Bertolt Brecht. Regie: Bertolt Brecht.

7. 11. Kammerspiele München: Balbina in: *Der starke Stamm* von Marieluise Fleißer. Regie: Hans Schweikart. Uraufführung.

1951 24. 3. Berliner Ensemble: Mutter Wolffen/Frau Fielitz in: *Der Biberpelz* und *Roter Hahn* von Gerhart Hauptmann. Regie: Egon Monk.

30. 5. Schauspielhaus Zürich: Mursawjetzkaja in: *Wölfe und Schafe* von Alexander Ostrowskij. Regie: Leonard Steckel.

14. 6. Schauspielhaus Zürich: Priorin in: *Die begnadete Angst* von Georges Bernanos. Regie: Oskar Wälterlin. Uraufführung.

10. 8. Salzburger Festspiele: Marthe Rull in: *Der zerbrochene Krug* von Heinrich v. Kleist. Regie: Berthold Viertel.

1952 23. 1. Berliner Ensemble: Marthe Rull in: *Der zerbrochene Krug* von Heinrich v. Kleist. Regie: Therese Giehse.

6. 5. Kammerspiele München: Alexandra in: *Herodes und Mariamne* von Friedrich Hebbel. Regie: Fritz Kortner.

27. 6. Kammerspiele München: Titelrolle in: *Philomena Marturano* von Eduardo de Filippo. Regie: Paul Verhoeven. Deutschsprachige Erstaufführung.

25. 7. Kammerspiele München: Großmutter in: *Woyzeck* von Georg Büchner. Regie: Hans Schweikart.

8. 11. Kammerspiele München: Frau John in: *Die Ratten* von Gerhart Hauptmann. Regie: Hans Schweikart.

1953 15. 3. Schauspielhaus Zürich: Frau John in: *Die Ratten* von Gerhart Hauptmann. Regie: Ernst Ginsberg.

18. 4. Schauspielhaus Zürich: Madame Maret in: *Sechste Etage* von Alfred Gehri. Regie: Werner Kraut.

5. 5. Celestina, die Kupplerin in: *Don Juan oder Die Liebe zur Geometrie* von Max Frisch. Regie: Oskar Wälterlin. Uraufführung.

14. 7. Kammerspiele München: Mad. Georges in: *Colombe* von Jean Anouilh. Regie: Helmut Käutner.

20. 10. Kammerspiele München: Marthe Rull in: *Der zerbrochene Krug* von Heinrich von Kleist. Regie: Hans Schweikart.

1954 12. 1. Kammerspiele München: Mme. Alvarez in: *Gigi* von Colette. Regie: Paul Verhoeven.

15. 2. Kammerspiele München: Tituba in: *Hexenjagd* von Arthur Miller. Regie: Hans Schweikart.

1. 4. Schauspielhaus Zürich: Frau Maret in: *Neues aus der 6. Etage* von Alfred Gehri. Regie: Werner Kraut.

19. 5. Schauspielhaus Zürich: Lisaweta Nikolajewna in: *Der Liebestrank* von Frank Wedekind. Regie: Leopold Lindtberg.

11. 9. Kammerspiele München: Frau Lund in: *Moral* von Ludwig Thoma. Regie: Rudolf Steinboeck.

1955 17. 3. Schauspielhaus Zürich: Frau Maret in: *Das Ende der 6. Etage* von Alfred Gehri. Regie: Günter Haenel. Uraufführung.

30. 6. Kammerspiele München: Frau Yang in: *Der gute Mensch von Sezuan* von Bertolt Brecht. Regie: Hans Schweikart.

22. 12. Schauspielhaus Zürich: Marthe Rull in: *Der zerbrochene Krug* von Heinrich von Kleist. Regie: Leopold Lindtberg.

1956 29. 1. Schauspielhaus Zürich: Claire Zachanassian in: *Der Besuch der alten Dame* von Friedrich Dürrenmatt. Regie: Oskar Wälterlin. Uraufführung.

28. 5. Kammerspiele München: Claire Zachanassian in: *Der Besuch der alten Dame* von Friedrich Dürrenmatt. Regie: Hans Schweikart.

27. 9. Kammerspiele München: Raissa in: *Der Wald* von Alexander Ostrowskij. Regie: Hans Schweikart.

21. 12. Kammerspiele München: Nancy in: *Requiem für eine Nonne* von William Faulkner. Regie: Leopold Lindtberg.

1957 10. 1. Kammerspiele München: Frau Gackermeier in: *Kaiser Joseph und die Bahnwärterstochter* von Fritz v. Herzmanovsky. Regie: Axel von Ambesser. Uraufführung.

20. 3. Kammerspiele München: Lysistrata in: *Der Kaiser von Amerika* von G. B. Shaw. Regie: August Everding.

16. 5. Schauspielhaus Zürich: Madame Bé in: *Die Unsterbliche* von Jean-Pierre Giraudoux. Uraufführung.

12. 11. Kammerspiele München: Frau Vogl in: *Sturm im Wasserglas* von Bruno Frank. Regie: Carl Heinz Schroth.

21. 11. Kammerspiele München: Daja in: *Nathan der Weise* von G. E. Lessing. Regie: Wolfgang Heinz.

1958 20. 2. Theater am Kürfürstendamm, Berlin: Mutter Elise in: *Der Scheiterhaufen* von August Strindberg. Regie: Oscar Fritz Schuh.

20. 5. Städtische Bühnen Frankfurt: Titelrolle in: *Mutter Courage und ihre Kinder* von Bertolt Brecht. Regie: Harry Buckwitz. Mit Hanne Hiob als Katrin.

19. 8. Kammerspiele München: Mama Landri in: *Männer am Sonntag* von Jean Louis Rancoroni. Regie: Heinz Hilpert.

1959 19. 3. Schauspielhaus Zürich: Ottilie in: *Frank V., Oper einer Privatbank* von Friedrich Dürrenmatt. Regie: Oskar Wälterlin. Uraufführung.

28. 10. Kammerspiele München: Frau Sarti in: *Leben des Galilei* von Bertolt Brecht. Regie: Hans Schweikart. Wiederaufnahme.

19. 11. Kammerspiele München: Nonnie in: *Süßer Vogel Jugend* von Tennessee Williams. Regie: August Everding.

1960 16. 4. Schauspielhaus Zürich: Titelrolle in: *Mutter Courage und ihre Kinder* von Bertolt Brecht. Regie: Lindtberg.

21. 8. Festspiele Luzern: *Fehlende Blätter* von M. Redgrave. Deutschsprachige Erstaufführung. Regie: Horst Gnekow.

8. 9. Schauspielhaus Zürich: Stimme der Hekate in: *Macbeth* von William Shakespeare. Regie: Leopold Lindtberg.

18. 10. Kammerspiele München: Ottilie in: *Frank V* von Friedrich Dürrenmatt. Regie: Hans Schweikart und August Everding.

1961 21. 1. Schauspielhaus Zürich: Wiederaufnahme *Courage*.

11. 3. Schauspielhaus Zürich: Mutter/Krug-Wirtin in: *Nach Damaskus* von Johann August Strindberg. Regie: Robert Freitag.

23. 10. Kammerspiele München: Titelrolle in: *Wassa Schelesnowa* von Maxim Gorki. Regie: Kurt Horwitz.

15. 11. Kammerspiele München/Eröffnung des Werkraum-Theaters: Olympia in: *Salz und Tabak* von Aldo Nicolai. Deutschsprachige Erstaufführung. Regie: Hans Schweikart.

1962 21. 2. Schauspielhaus Zürich: Frl. Dr. Mathilde von Zahnd in: *Die Physiker* von Friedrich Dürrenmatt. Regie: Kurt Horwitz. Uraufführung.

21. 9. Kammerspiele München: *Die Physiker* von Friedrich Dürrenmatt. Regie: Hans Schweikart.

16. 11. Kammerspiele München: Frau Fielitz in: *Der rote Hahn* von Gerhart Hauptmann. Regie: Hans Schweikart.

1963 1. 6. Schauspielhaus Zürich: Glafira Klimanowna Glennowa in: *Eine Dummheit macht auch der Gescheiteste* von Ostrowskij. Regie: Rolf Henniger.

1964 14. 1. Kammerspiele München: Mursawetzkaja in: *Wölfe und Schafe* von Ostrowskij. Regie: Rudolf Noelte.

31. 5. Schauspielhaus Zürich: Celestina, die Kupplerin in: *Don Juan oder Die Liebe zur Geometrie* von Max Frisch. Regie: Kurt Hirschfeld.

1965 Kammerspiele München:

13. 1. Frau Nickel in: *Der Sohn* von Gert Hofmann. Regie: Peter Lühr. Uraufführung.

14. 4. Gouvernante in: *Der Lauf des Bösen* von Jacques Audiberti. Regie: Ernst Seiltgen.

14. 6. *Heirat wider Willen* von Molière. Regie: Therese Giehse.

6. 7. Frau Oberst Hühnerwadel/Aufseherin in: *Musik* von Frank Wedekind. Regie: Hans Schweikart.

1. 12. Fjedossja in: *Die Letzten* von Maxim Gorki. Regie: Alfred Radok.

1966 20. 1. Frau Nomsen in: *Der Meteor* von Friedrich Dürrenmatt. Regie: Leopold Lindtberg. Uraufführung. (Übernahme nach Mila Kopp.) Schauspielhaus Zürich.

12. 2. Kammerspiele München: Frau Nomsen in: *Der Meteor* von Friedrich Dürrenmatt. Regie: Hans Schweikart.

15. 4. Schauspielhaus Zürich: Frau Képes, die Hebamme in: *Haben* von Julius Hay. Regie: Hansgünther Heyme.

27. 6. Cuvilliéstheater München: Brecht-Abend I.

1967 Kammerspiele München:

21. 1. Mariann Mayr in: *Magdalena* von Ludwig Thoma. Regie: Hans Schweikart.

8. 6. Suleima in: *Der Sonntagsspaziergang* von Lars Forell. Regie: Hans-Joachim Heyse. Deutschsprachige Erstaufführung.

4. 10. Martha in: *Landshuter Erzählungen* von Martin Sperr. Regie: August Everding. Uraufführung.

1968 10. 2. Brecht-Abend II

17. 7. Hekuba in: *Die Troerinnen des Euripides* in einer Bearbeitung von Jean Paul Sartre. Regie: Peter Lühr.

1969 19. 1. Stimme in: *Mao Tse-tung – Kiste* von Edward Albee. Regie: Ulrich Heising. Deutschsprachige Erstaufführung.

15. 3. Martha Brewster in: *Arsen und Spitzenhäubchen* von Joseph Kesselring. Regie: Dieter Giesing.

11. 9. Barbara in: *Jagdszenen aus Niederbayern* von Martin Sperr. Regie: Ulrich Heising.

1970 26. 2. Juno Boyle in: *Juno und der Pfau* von Sean O'Casey. Regie: August Everding.

8. 10. Schaubühne Berlin: Titelrolle in: *Die Mutter* von Bertolt Brecht nach Maxim Gorki. Regie: Schwiedrzik, Steckel, Stein.

1971 27. 4. Kammerspiele München/Werkraumtheater: 3. Norne/Erda in: *Der Ring des Nibelungen* nach Richard Wagner von Christian Enzensberger. Regie: Ulrich Heising.

28. 8. Kammerspiele München: Marina in: *Onkel Vanja* von Tschechow. Regie: Erwin Axer.

3. 9. Brecht-Abend III

# *Film- und Fernseharbeiten*

## *Filme:*

| | |
|---|---|
| 1941 | *Menschen, die vorüberziehen.* Regie: Max Haufler. |
| 1945 | *Die letzte Chance.* Regie: Leopold Lindtberg. |
| 1947 | *Mark of Cain.* |
| | *Anna Karenina.* Regie: Julien Duvivier. |
| 1955 | *Kinder, Mütter und ein General.* Regie: Laszlo Benedek. |
| 1958 | *Mädchen in Uniform*, u.a. mit Lilli Palmer und Romy Schneider. Regie: Geza Radvanyi. |
| 1960 | *Sturm im Wasserglas.* Regie: Josef von Baky. |
| 1973 | *Julien.* Regie: Louis Malle. |

## *Fernsehen:*

| | |
|---|---|
| 1961 | *Die Unterrichtsstunde* von Eugène Ionesco. |
| 1963 | *Wassa Schelesnowa* von Maxim Gorki. Regie: Egon Monk. |
| | *Die Physiker* von Friedrich Dürrenmatt. Regie: Fritz Umgelter. |
| | *Haben* von Julius Hay. Regie: Rolf Hädrich. |
| 1964 | *Der Sündenbock* von Luise Rinser. Regie: Fritz Umgelter. |
| 1966 | Der Brecht-Abend der Giehse. |
| 1969 | *Sturm im Wasserglas*, u.a. mit Rolf Boysen und Michl Lang. Regie: Theodor Grädler. |
| 1970 | Fernsehaufzeichnung: *Die Mutter* von Brecht nach Gorki. Aufzeichnung der Schaubühnen-Aufführung. |